문제로 개념 잡는 초등 영문법

Grammar, ZAP!

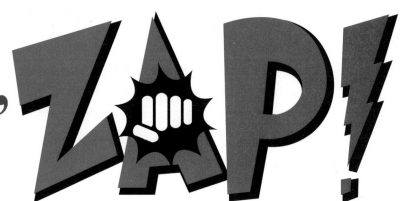

입문 **2**

구성과 특징

.... ★ 짜임새 있게 구성된 커리큘럼
★ 쉬운 설명과 재미있는 만화로 개념 쏙쏙
★ 단계별 연습 문제를 통한 정확한 이해
★ 간단한 문장 쓰기로 완성

❶ Grammar Cartoon

• 본격적인 학습에 앞서 Unit 학습 내용과 관련된 기본 개념들을 명작 동화의 한 장면을 통해 제시하여 아이들이 딱딱하고 어려운 문법 개념에 흥미롭게 접근할 수 있도록 도와줍니다.

❷ Grammar Point

• 문법 개념을 쉽게 풀어서 설명하고, 다양한 예시문과 재미있는 삽화로 문법 개념을 자연스럽고 재미있게 익힐 수 있도록 도와줍니다.

• Check Up 문제로 학습 내용을 잘 이해했는지 바로 확인할 수 있습니다.

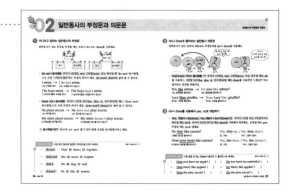

❸ Grammar Walk

• 학습 내용과 관련된 주요 단어, 문장 등을 따라 쓰는 활동입니다. 단어나 문장을 따라 쓰면서 문법 개념을 어떻게 적용할 수 있는지 자연스럽게 이해할 수 있습니다.

④ *Grammar Run/Jump/Fly*

- 학습한 내용을 본격적으로 적용하고, 응용해 볼 수 있는 다양한 유형의 연습 문제입니다.

- 단계별 연습 문제를 통해 개념을 정확하게 이해하고, 간단한 문장을 완성할 수 있도록 구성하였습니다.

⑤ *Quiz*

- Unit을 마무리하면서 만화를 보고, 퀴즈를 풀면서 학습한 내용을 복습할 수 있습니다.

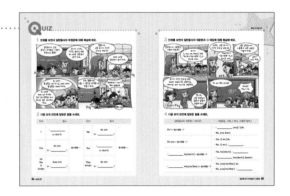

⑥ *Review*

- 2개의 Unit이 끝날 때마다 제시되는 마무리 테스트입니다. 객관식, 주관식 등의 문제를 풀면서 응용력을 키울 수 있도록 하였습니다.

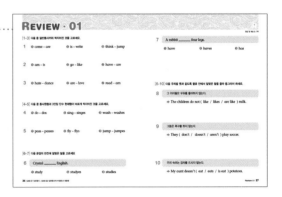

⑦ 단어장

- 각 Unit의 본문에 나오는 단어를 20개씩 정리하였습니다. 간단하게 테스트할 수 있도록, 영어를 한글로 옮기는 문제, 한글을 영어로 옮기는 문제도 구성하였습니다.

활용방법

Grammar, Zap!

입문 단계는 총 2권으로 약 3개월(권당 5주)에 걸쳐 학습할 수 있도록 구성하였습니다. 하루 50분씩, 주 2일 학습 기준입니다.

Contents

일반동사

- 일반동사란 무엇이고, 일반동사에는 어떤 것들이 있는지 알아봐요.
- 주어가 3인칭 단수일 때 일반동사가 어떻게 변신하는지 알아봐요.

걸리버의 선실이 am, are, is가 아니고 like인 이유가 뭘까?
그리고 요리사들은 바쁘다면서 왜 힘들게 글자 뒤에 -s, -es, -ies를 그리고 있는 걸까?

01 일반동사

① 움직임이나 상태를 나타내는 말, 일반동사!

일반동사는 주어의 움직임이나 상태를 나타내는 말이에요. be동사(am, are, is)를 제외한 나머지 동사들이 일반동사에 속해요.

- **동작을 나타내는 동사:** 주로 움직임을 나타내는 동사들이에요.

jump 점프하다	run 달리다	fly 날다
swim 수영하다	sing 노래하다	dance 춤을 추다
go 가다	come 오다	wash 씻다
study 공부하다	write 쓰다	read 읽다

  I **sing** well. 나는 노래를 잘한다.
  David **sings** well. 데이비드는 노래를 잘한다.
  You and David **sing** well. 너와 데이비드는 노래를 잘한다.

- **상태를 나타내는 동사:** 감정이나 생각 등의 상태를 나타내는 동사들이에요.

love 사랑하다	like 좋아하다	think 생각하다
have 가지다	hate 미워하다	

  You **like** apples. 너는 사과를 좋아한다.
  He **likes** apples. 그는 사과를 좋아한다.
  We **like** oranges. 우리는 오렌지를 좋아한다.

Check Up 다음 동사가 일반동사이면 O, 일반동사가 <u>아니면</u> X표 하세요. 정답 및 해설 2쪽

1	run	( )	2	am	( )
3	are	( )	4	sing	( )
5	swim	( )	6	is	( )
7	dance	( )	8	have	( )
9	go	( )	10	fly	( )

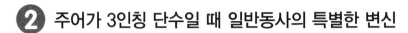

❷ 주어가 3인칭 단수일 때 일반동사의 특별한 변신

일반동사 현재형은 be동사처럼 주어에 따라 동사의 모양이 바뀌어요. **주어가 3인칭 단수일 때** 일반동사의 현재형은 **동사 뒤에 -s나 -es를** 붙여야 해요.

- **대부분의 동사는 끝에 -s를** 붙여요.
  run – runs   jump – jumps
  sing – sings   come – comes
  Justin <u>swims</u> well.   저스틴은 수영을 잘한다.

- **-ch, -sh, -s, -x, -o로 끝나는 동사는 끝에 -es를** 붙여요.
  teach 가르치다 – teaches   wash 씻다 – washes
  pass 건네주다 – passes   fix 고치다 – fixes
  go 가다 – goes
  She <u>goes</u> to school.   그녀는 학교에 간다.

- 「자음+y」로 끝나는 동사는 **-y를 -ies로** 바꿔 써요.
  study 공부하다 – studies   fly 날다 – flies
  My brother <u>studies</u> math.   내 남동생은 수학을 공부한다.

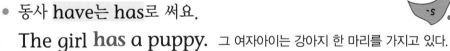

- 동사 **have는 has로** 써요.
  The girl <u>has</u> a puppy.   그 여자아이는 강아지 한 마리를 가지고 있다.

Check Up   다음 동사에 어울리는 -s나 -es 짝을 골라 선으로 연결하세요.   정답 및 해설 2쪽

1 wash   •
2 go   •   • -s
3 play   •
4 teach   •   • -es
5 sing   •

Grammar Walk! . . . .

1 I ~~sing~~ well.

2 The birds ~~sing~~ well.

3 You ~~dance~~ well.

4 The monkeys ~~dance~~ well.

5 We ~~swim~~ well.

6 The wolves ~~swim~~ well.

7 I ~~like~~ math.

8 They ~~like~~ math.

9 The boys ~~have~~ tomatoes.

10 The boys ~~love~~ tomatoes.

일반동사가 뭐야?

be동사 am, are, is를 제외한 나머지 동사야.

어떤 것들이 있지?

jump, fly처럼 움직임을 나타내는 게 있어.

그게 전부야?

아니. like, have처럼 감정이나 상태를 나타내는 동사들도 있어.

The monkeys dance well.

· sing 노래하다   · well 잘   · dance 춤을 추다   · swim 수영하다   · math 수학

B 다음 문장의 뜻을 생각하며 일반동사의 3인칭 단수 현재형을 따라 써 보세요.

1 He ___dances___ well.

he, she, it은
3인칭 단수이니까
일반동사에 -s나
-es를 붙이는구나!

2 She ___swims___ fast.

3 Oscar ___goes___ to school.

4 His dad ___teaches___ math.

5 His mom ___fixes___ cars.

6 This bird ___flies___ fast.

7 That bird ___sings___ well.

8 A girl ___has___ a cat.

9 The cat ___washes___ its face.

The cat washes its face.

10 It ___likes___ fish.

• go 가다   • teach 가르치다   • fix 수리하다   • fly 날다   • wash 씻다   • face 얼굴

Grammar Run! ....

★ **A** 다음 문장에서 일반동사의 현재형을 찾아 동그라미 하세요.

1 I (sing) every day.

2 I run every day.

주어가 I, you이거나, we, Judy and I처럼 복수일 때는 동사에 -s를 붙이지 않아.

3 You hate grapes.

4 You like grapes.

5 We go to school.

6 We come late.

My brothers love dogs.

7 They read books.

8 They write books.

9 Judy and I have dogs.

10 My brothers love dogs.

• hate 몹시 싫어하다   • come 오다   • read 읽다   • write 쓰다   • love 매우 좋아하다

B 다음 문장에서 일반동사의 3인칭 단수 현재형을 찾아 동그라미 하세요.

1   He (runs) fast.

2   She jumps high.

3   Mr. Obama teaches music.

주어가 3인칭 단수일 때 일반동사에 -s나 -es를 붙이는 것도 잊지 마!

4   Edna studies math.

5   The bird flies slowly.

6   It sings slowly.

7   My dad washes the dishes.

8   My mom fixes computers.

A farmer has five ducks.

9   A farmer has five ducks.

10   The farmer hates foxes.

· jump 뛰다, 점프하다   · high 높이   · music 음악   · slowly 느리게, 천천히   · duck 오리

Grammar Jump!

다음 문장의 괄호 안에서 알맞은 말을 골라 동그라미 하세요.

1 I ((wash) / washes) my face.

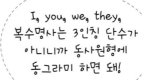

2 You (study / studies) English.

3 We (writes / write) letters.

4 They (teach / teaches) art.

5 The children (go / goes) to school.

6 These girls (likes / like) chocolate.

7 Those boys (know / knows) Diana.

8 My sisters (loves / love) snakes.

9 You and Tom (hate / hates) spiders.

10 Mary and I (has / have) three pigs.

· study 공부하다   · English 영어   · letter 편지   · art 미술   · chocolate 초콜릿

B 다음 문장의 괄호 안에서 알맞은 말을 골라 동그라미 하세요.

1   He (read / (reads)) books.

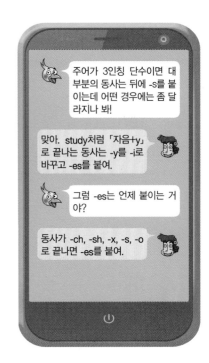

2   She (write / writes) stories.

3   Judy (studyes / studies) math.

4   Tom (jumps / jumpes) well.

5   It (runs / runes) fast.

6   The bird (flyes / flies) high.

7   Her aunt (teaches / teachies) English.

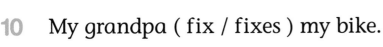

8   Her uncle (washs / washes) his car.

9   My grandma (gos / goes) to school.

10 My grandpa (fix / fixes) my bike.

• story 이야기   • bird 새   • aunt 고모, 이모, (외)숙모   • uncle 삼촌, 외삼촌, 고모부, 이모부   • bike 자전거

Grammar Fly! ·

★A 다음 동사의 알맞은 3인칭 단수 현재형을 빈칸에 쓰세요.

1 jump ➡ _jumps_   2 come ➡ _____

3 teach ➡ _____   4 swim ➡ _____

5 wash ➡ _____   6 run ➡ _____

7 like ➡ _____   8 fix ➡ _____

9 pass ➡ _____   10 know ➡ _____

11 love ➡ _____   12 have ➡ _____

13 hate ➡ _____   14 go ➡ _____

15 study ➡ _____   16 meet ➡ _____

17 visit ➡ _____   18 play ➡ _____

19 fly ➡ _____   20 watch ➡ _____

· pass 건네주다   · know 알다   · meet 만나다   · visit 방문하다, 찾아가다   · watch 보다, 지켜보다

B 주어진 말을 사용하여 문장을 완성하세요.

1 A sheep _____jumps_____ high. (jump)

2 It _____ well. (swim)

3 Dad _____ the violin well. (play)

4 He _____ his socks every day. (wash)

5 Her mom _____ airplanes. (fix)

6 She _____ television every day. (watch)

7 Mrs. Wise _____ to the park. (go)

8 Her dog _____ long legs. (have)

9 This monkey _____ math. (study)

10 That airplane _____ fast. (fly)

주어가 3인칭 단수일 때 대부분의 동사는 -s나 -es를 붙이지만 have는 has로 완전히 모양이 바뀐다고 했어!

A sheep jumps high.

· sheep 양　　· sock 양말 (한 짝)　　· airplane 비행기　　· television 텔레비전　　· park 공원

1 만화를 보면서 일반동사의 의미와 쓰임에 대해 복습해 봐요.

2 다음 표의 빈칸에 알맞은 단어나 우리말 뜻을 쓰세요.

일반동사	뜻	일반동사	뜻
jump	뛰다, 점프하다	study	공부하다
run	달리다	teach	가르치다
fly	1 _____	2 _____	읽다
3 _____	수영하다	write	쓰다
sing	노래하다	love	매우 좋아하다
4 _____	춤을 추다	like	5 _____
go	가다	hate	몹시 싫어하다
come	6 _____	7 _____	가지다
wash	씻다	fix	고치다

3 만화를 보면서 주어가 3인칭 단수일 때의 일반동사에 대해 복습해 봐요.

4 다음 표의 빈칸에 알맞은 말을 쓰세요.

종류	규칙	예
I / we / you / they 복수명사	일반동사의 모양이 바뀌지 않음.	I [We/You/They] run.
he / she / it 단수명사	대부분의 동사 + -s	run – runs swim – 1 _____
	-ch, -sh, -s, -x, -o로 끝나는 동사 + -es	teach – 2 _____ wash – washes pass – 3 _____ go – 4 _____
	「자음 + y」로 끝나는 동사 : -y → -ies	study – 5 _____ fly – 6 _____
	불규칙 동사	have – 7 _____

02 일반동사의 부정문과 의문문

- 일반동사가 있는 문장을 부정문으로 만드는 방법과 그 의미에 대해 알아봐요.
- 일반동사가 있는 문장을 의문문으로 만드는 방법과 그 대답에 대해 알아봐요.

don't와 doesn't가 적혀 있는 짐은 부정문과 무슨 상관이 있지? 그리고 do, does가 적혀 있는 짐은 의문문과 어떤 관계일까?

일반동사의 부정문과 의문문

① 아니라고 말하는 일반동사의 부정문

일반동사가 있는 문장을 부정할 때는 조동사 do 또는 does를 사용해요.

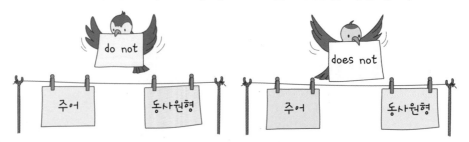

- **do not + 동사원형**: 주어가 1인칭(I, we), 2인칭(you), 또는 복수일 때 「do not+동사원형」으로 쓰면 '~(하)지 않다'라는 부정의 의미가 돼요. **do not은 don't로 줄여 쓸 수 있어요.**

  I swim. → I **do not** swim.
  나는 수영을 한다.   나는 수영을 하지 않는다.

  The boys swim. → The boys **don't** swim.
  그 남자아이들은 수영을 한다.   그 남자아이들은 수영을 하지 않는다.

- **does not + 동사원형**: 주어가 3인칭 단수(he, she, it, 단수명사)일 때는 「does not+동사원형」으로 쓰면 부정의 의미가 돼요. **does not은 doesn't로 줄여 쓸 수 있어요.**

  He plays soccer. → He **does not** play soccer.
  그는 축구를 한다.   그는 축구를 하지 않는다.

  My sister plays soccer. → My sister **doesn't** play soccer.
  내 여동생은 축구를 한다.   내 여동생은 축구를 하지 않는다.

💡 **동사원형이란?**: 동사에 -s나 -es가 붙기 전의 원래 모양을 동사원형이라고 해요.

Check Up 다음 말이 들어갈 알맞은 위치에 동그라미 하세요.   정답 및 해설 4쪽 ⭐

1 do not   They ❶ dance ❷ together.

2 does not   She ❶ teach ❷ English.

3 don't   We ❶ sing ❷ well.

4 doesn't   He ❶ like ❷ snakes.

② do나 does로 물어보는 일반동사의 의문문

일반동사가 있는 문장의 의문문도 부정문처럼 do나 does를 사용해요.

물어보고 싶을 땐 do가 필요해.

주어가 3인칭 단수일 때는 does를 앞으로!

- **Do[Does]＋주어＋동사원형 ~?:** 주어가 1인칭(I, we), 2인칭(you), 또는 복수일 때는 do를 사용하고, 3인칭 단수(he, she, it, 단수명사)일 때는 does를 사용하여 '~하니?' 하고 물어보는 문장을 만들어요.

You <u>like</u> zebras. → **Do** you **like** zebras?
너는 얼룩말을 좋아한다.　　　너는 얼룩말을 좋아하니?

Lucy <u>likes</u> giraffes. → **Does** Lucy **like** giraffes?
루시는 기린을 좋아한다.　　　루시는 기린을 좋아하니?

③ do나 does를 사용해서 yes, no로 대답하기

- **Yes, 대명사＋do[does]. / No, 대명사＋don't[doesn't].:** 주어가 1인칭 또는 2인칭이거나 복수일 때는 do를, 주어가 3인칭 단수일 때는 does를 사용해서 대답해요. 긍정일 때는 yes, 부정일 때는 no로 답해요.

Do they <u>like</u> carrots?　　　　　**Yes, they do. / No, they don't.**
그들은 당근을 좋아하니?　　　　　　응, 그래.　　　　아니, 그렇지 않아.

Does your mom <u>like</u> onions?　　**Yes, she does. / No, she doesn't.**
네 엄마는 양파를 좋아하시니?　　　　　응, 그래.　　　　아니, 그렇지 않아.

Check Up 다음 밑줄 친 Do, Does가 옳으면 O, 틀리면 X표 하세요.　　정답 및 해설 4쪽

1 <u>Does</u> you have an egg? (　　)　　2 <u>Do</u> you have an egg? (　　)

3 <u>Does</u> Harry like apples? (　　)　　4 <u>Do</u> Harry like apples? (　　)

5 <u>Does</u> she play soccer? (　　)　　6 <u>Do</u> she play soccer? (　　)

Grammar Walk! · · · · · · · · · · · · · · · ·

A 다음 문장의 뜻을 생각하며 일반동사의 부정문을 따라 써 보세요.

1 I <u>do not</u> dance.

2 You <u>do not</u> dance.

3 He <u>does not</u> sing.

4 She <u>does not</u> sing.

5 It <u>does not</u> fly.

6 They <u>do not</u> fly.

7 We <u>do not</u> play the flute.

8 David <u>doesn't</u> play the flute.

9 Lucy and I <u>don't</u> know them.

10 The women <u>don't</u> know them.

We do not play the flute.

· **dance** 춤을 추다   · **flute** 플루트   · **know** 알다   · **woman** (성인) 여자

B 다음 대화의 뜻을 생각하며 일반동사의 의문문과 대답을 따라 써 보세요.

1 A: Do you like carrots? B: Yes, I do.

2 A: Does he like carrots? B: Yes, he does.

3 A: Does she play golf? B: No, she doesn't.

4 A: Do they play golf? B: Yes, they do.

5 A: Does it run fast? B: Yes, it does.

6 A: Do they run fast? B: No, they don't.

7 A: Do you have a pencil? B: No, I don't.

8 A: Do you have pencils? B: Yes, we do.

9 A: Do we look pretty? B: No, you don't.

10 A: Do I look pretty? B: Yes, you do.

· carrot 당근　　· play golf 골프를 치다　　· pencil 연필　　· look ~하게 보이다　　· pretty 예쁜

Grammar Run!......................

A 다음 문장에서 don't 또는 doesn't를 찾아 동그라미 하세요.

1 I (don't) go to the zoo.

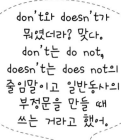

don't과 doesn't가
뭐였더라? 맞다.
don't는 do not,
doesn't는 does not의
줄임말이고 일반동사의
부정문을 만들 때
쓰는 거라고 했어.

2 He doesn't go to the park.

3 You don't play the violin.

4 She doesn't play the piano.

5 We don't like spiders.

6 Susie doesn't hate spiders.

We don't
like spiders.

7 They don't have wings.

8 A snake doesn't have legs.

9 The girls don't need sugar.

10 Their mom doesn't need salt.

· zoo 동물원　　　　· spider 거미　　　　· wing 날개　　　　· need 필요로 하다　　　　· salt 소금

B 다음 괄호 안에서 알맞은 말을 골라 동그라미 하세요.

1 A: Do you read comic books?   B: (Yes / (No)), I don't.

2 A: Does he write stories?   B: (Yes / No), he does.

3 A: Do they clean their rooms?   B: (Yes / No), they don't.

4 A: Does she make cookies?   B: (Yes / No), she does.

5 A: Do you and David study math?   B: (Yes / No), we don't.

6 A: Does Mr. Frank teach English?   B: (Yes / No), he does.

7 A: Do your cousins visit you?   B: (Yes / No), they don't.

8 A: Does your uncle fly an airplane?   B: (Yes / No), he doesn't.

9 A: Do kangaroos jump high?   B: (Yes / No), they do.

10 A: Does a spider eat worms?   B: (Yes / No), it does.

· comic book 만화책   · clean 청소하다   · make 만들다   · eat 먹다   · worm 벌레

Grammar Jump!

A 다음 괄호 안에서 알맞은 말을 골라 동그라미 하세요.

1 I ((don't) / doesn't) have sisters.

2 He (don't / doesn't) help his mom.

부정문 만들 때 do not이나 does not 뒤에 동사를 어떻게 써야 할지 모르겠어.

어, 그건 아주 쉬워. do not 이나 does not 뒤에는 동사 원형을 쓰면 돼.

3 She (don't / doesn't) go to school today.

아, 그럼 -s나 -es를 붙이지 않은 동사의 원래 형태를 쓰면 된다는 거지?

맞아. 줄임말인 don't와 doesn't도 마찬가지야.

4 We (don't / doesn't) have chickens.

5 It (don't / doesn't) sing.

6 You (don't / doesn't) play baseball.

7 They don't (write / writes) letters.

My brother doesn't clean his room.

8 Hodong doesn't (read / reads) a newspaper.

9 My sisters don't (learns / learn) English.

10 My brother doesn't (clean / cleans) his room.

· help 돕다   · today 오늘   · chicken 닭   · newspaper 신문   · learn 배우다

B 다음 괄호 안에서 알맞은 말을 골라 동그라미 하세요.

1 A: ((Do) / Does) you like pizza?   B: Yes, I do.

2 A: (Do / Does) she know him?   B: No, she doesn't.

3 A: (Do / Does) Mozart play the piano?   B: Yes, he does.

4 A: (Do / Does) it drink water?   B: No, it doesn't.

5 A: (Do / Does) they watch television?   B: Yes, they do.

6 A: Does he wash the dishes?   B: No, (he doesn't / he does).

7 A: Do your cousins live here?   B: Yes, (they do / we do).

8 A: Does Taewhan swim here?   B: Yes, (it does / he does).

9 A: Does a chicken eat worms?   B: Yes, (they do / it does).

10 A: Do bees have five legs?   B: No, (you don't / they don't).

· drink 마시다   · cousin 사촌   · live 살다   · here 여기에   · bee 벌

Grammar Fly! ·

★A 다음 문장을 부정문으로 바꿔 쓸 때 빈칸에 알맞은 말을 쓰세요.

1 I run fast. ➡ I ____do____ ____not____ ____run____ fast.

2 You have a ruler.

   ➡ You _____ _____ _____ a ruler.

3 She has a brother.

   ➡ She _____ _____ _____ a brother.

4 He goes to the pool.

   ➡ He _____ _____ _____ to the pool.

5 We hate worms.

   ➡ We _____ _____ _____ worms.

> 부정문을 만들 때
> does not이나 doesn't 뒤에
> 동사원형을 써야 한다는 것을
> 꼭 기억해!

6 It flies fast. ➡ It ___doesn't___ ___fly___ fast.

7 They like bananas.

   ➡ They _____ _____ bananas.

8 Jessica meets him.

   ➡ Jessica _____ _____ him.

9 My mom loves watermelons.

   ➡ My mom _____ _____ watermelons.

10 The actors drink orange juice.

   ➡ The actors _____ _____ orange juice.

· **ruler** 자   · **pool** 수영장   · **meet** 만나다   · **watermelon** 수박   · **drink** 마시다

B 다음 대화의 빈칸에 알맞은 말을 쓰세요.

주어가 3인칭 단수일 때 does, 그 외에는 do를 쓰고 대답할 때는 앞에 나온 주어에 맞게 대명사를 쓰면 되겠군.

1 A: _____Do_____ you like chocolate?　　B: Yes, I do.

2 A: _____ he play the drum?　　B: No, he doesn't.

3 A: _____ she have breakfast?　　B: Yes, she does.

4 A: _____ they look sad?　　B: No, they don't.

5 A: _____ it have two eyes?　　B: Yes, it does.

6 A: Do you help your dad?　　B: Yes, _____ _____.

7 A: Does she live here?　　B: No, _____ _____.

8 A: Does Jack go to the park?　　B: Yes, _____ _____.

9 A: Does the dog bite?　　B: No, _____ _____.

10 A: Do birds fly?　　B: Yes, _____ _____.

· chocolate 초콜릿　　· drum 북　　· breakfast 아침 (식사)　　· sad 슬픈　　· bite 물다

1 만화를 보면서 일반동사의 부정문에 대해 복습해 봐요.

2 다음 표의 빈칸에 알맞은 말을 쓰세요.

주어	동사		주어	동사	
I	1 _____ (= don't)	동사원형 ~.	We	do not (= 2 _____)	동사원형 ~.
You	do not (= 3 _____)		You	4 _____ (= don't)	
He She It 단수명사	does not (= 5 _____)		They 복수명사	do not (= 6 _____)	

3 만화를 보면서 일반동사의 의문문과 그 대답에 대해 복습해 봐요.

4 다음 표의 빈칸에 알맞은 말을 쓰세요.

일반동사의 의문문(~하니?)	대답(응, 그래. / 아니, 그렇지 않아.)
Do I + 동사원형 ~?	· 1 _____ , you do. · No, you don't.
Do you + 동사원형 ~?	· Yes, I [we] do. · No, I [we] 2 _____ .
3 _____ he[she/it] + 동사원형 ~?	· Yes, he[she/it] 4 _____ . · 5 _____ , he[she/it] doesn't.
6 _____ we[you/they] + 동사원형 ~?	· Yes, you[we/they] do. · No, you[we/they] 7 _____ .

REVIEW · 01

[1-3] 다음 중 일반동사끼리 짝지어진 것을 고르세요.

1 ❶ come – are   ❷ is – write   ❸ think – jump

2 ❶ am – is   ❷ go – like   ❸ have – are

3 ❶ hate – dance   ❷ are – love   ❸ read – am

[4-5] 다음 중 동사원형과 3인칭 단수 현재형이 바르게 짝지어진 것을 고르세요.

4 ❶ do – dos   ❷ sing – singes   ❸ wash – washes

5 ❶ pass – passes   ❷ fly – flys   ❸ jump – jumpes

[6-7] 다음 문장의 빈칸에 알맞은 말을 고르세요

6 Crystal _____ English.

❶ study   ❷ studyes   ❸ studies

7　A rabbit _____ four legs.

❶ have　　　　　❷ haves　　　　　❸ has

[8-10] 다음 우리말 뜻과 같도록 괄호 안에서 알맞은 말을 골라 동그라미 하세요.

8　그 아이들은 우유를 좋아하지 않는다.

➡ The children do not (like / likes / are like) milk.

9　그들은 축구를 하지 않는다.

➡ They (don't / doesn't / aren't) play soccer.

10　우리 숙모는 감자를 드시지 않는다.

➡ My aunt doesn't (eat / eats / is eat) potatoes.

[11-13] 다음 문장의 빈칸에 알맞은 말을 고르세요.

11 _____ Jenny love him?

❶ Is ❷ Do ❸ Does

12 _____ your brothers go to school?

❶ Are ❷ Do ❸ Does

13 _____ you play tennis well?

❶ Are ❷ Do ❸ Does

[14-15] 다음 의문문에 대한 알맞은 대답을 고르세요.

14 Does your uncle have a dog?

❶ Yes, he is. ❷ No, he does. ❸ Yes, he does.

15 Do you like flowers?

❶ No, I'm not. ❷ Yes, I don't. ❸ No, I don't.

[16-17] 다음 우리말 뜻과 같도록 주어진 단어를 사용하여 문장을 완성하세요.

16   그 새는 높이 난다.

➡ The bird _____ high. (fly)

17   그는 매일 공원에 간다.

➡ He _____ to the park every day. (go)

[18-20] 다음 대화의 빈칸에 알맞은 말을 쓰세요.

18   A: Does the deer run fast?

B: Yes, _____ does.

19   A: _____ you have a notebook?

B: No, I don't.

20   A: Does your mom play the violin?

B: Yes, she _____ .

형용사

- 형용사란 무엇이고, 형용사에는 어떤 것들이 있는지 알아봐요.
- 형용사가 문장 안에서 어떻게 쓰이는지 알아봐요.

우아, 걸리버가 본 적도 없는 보물들을 형용사라는 말에 단번에 찾아냈어! 왜 명사 주변에 있을 거라고 생각했을까? 덕분에 배불리 먹긴 했지만 어떻게 알아낸 거지?

Unit 03 형용사

① 명사 전용 장신구, 형용사

크기/모양	성질/상태	색깔
long	happy	red

날씨	수
windy	three

형용사는 세상 모든 것들의 이름인 **명사를 꾸며 주는 말**이에요. 명사의 크기나 모양, 성질이나 상태, 색, 날씨, 수 등을 설명해 줘요.

- **크기/모양:** big 큰 small 작은 tall 키가 큰 short 짧은, 키가 작은
- **성질/상태:** fast 빠른 slow 느린 new 새로운 old 오래된
- **색깔:** black 검은색의 white 흰색의 blue 파란색의 yellow 노란색의
- **날씨:** cool 시원한 warm 따뜻한 cold 추운 hot 더운
- **수:** three 세 개의 four 네 개의 eleven 열한 개의 twelve 열두 개의

Check Up
다음 형용사의 종류에 해당하는 말을 찾아 선으로 연결하세요.
정답 및 해설 7쪽

1 크기/모양 •   • two
2 성질/상태 •   • windy
3 색깔 •   • white
4 날씨 •   • new
5 수 •   • small

❷ 형용사가 명사 앞에 올 때

형용사는 명사 앞에 와서 '~한'이란 뜻으로 명사를 꾸며 줘요. 형용사가 a/an/the, 소유격, 지시형용사 등과 함께 명사를 꾸며 줄 때는 순서에 주의해야 해요.

- a, an, the와 함께 오는 경우: a/an/the+형용사+명사

  I have **a new** cap. 나는 새 모자 하나를 가지고 있다.

- 소유격, 지시형용사와 함께 오는 경우: 소유격/this[that/these/those]+형용사+명사

  I like **my new** cap. 나는 내 새 모자를 좋아한다.

❸ 형용사가 be동사 뒤에 올 때

주어+be동사(am, are, is)+형용사: 형용사는 be동사 뒤에 와서 '~하다'라는 뜻으로 be동사 앞에 나온 주어를 자세하게 설명해 주기도 해요.

My dog is **big**. (my dog – big)
우리 개는 크다.

His dog is **small**. (his dog – small)
그의 개는 작다.

My dog is **cute**. (my dog – cute)
우리 개는 귀엽다.

His dog is **ugly**. (his dog – ugly)
그의 개는 못생겼다.

Check Up 다음 중 형용사를 찾아 동그라미 하세요. 정답 및 해설 7쪽

| big | pig | beautiful | park | man |
| windy | woman | juice | long | umbrella |

Grammar Walk! . . . .

★ **A** 다음 형용사의 뜻을 생각하며 단어를 따라 써 보세요.

1 big

2 small

3 fast

4 slow

5 black

6 white

7 cool

8 warm

9 행복해. happy

10 슬퍼. sad

• black 검은, 검은색의 • cool 시원한 • warm 따뜻한 • happy 행복한 • sad 슬픈

B 다음 문장의 뜻을 생각하며 형용사를 따라 써 보세요.

1 You have a long pencil.

2 You have a red crayon.

3 She likes her old bike.

4 He likes his new bike.

형용사가 어디 와야 하는지 잘 모르겠어.

간단해. 명사를 꾸며 줄 땐 명사 앞에 쓰면 돼.

명사를 꾸며 주지 않을 때도 있잖아.

주어를 설명해 줄 때? 그 땐 be동사 뒤에 형용사를 쓰지.

흐음, 영어는 알수록 재미있네!

5 My mom is tall .

6 My dad is short .

7 It is rainy .

8 It is windy .

9 Your cat is fat .

10 Your cat is ugly .

She likes her old bike.

• crayon 크레용   • rainy 비가 많이 오는   • windy 바람이 많이 부는   • fat 뚱뚱한   • ugly 못생긴

Grammar Run! ....

★A 다음 그림에 알맞은 형용사에 동그라미 하세요.

1
(long)
short

2
fast
slow

3
new
old

4
white
blue

5
cute
ugly

6
big
small

7
yellow
red

8
happy
sad

9
cold
hot

10
snowy
windy

• fast 빠른   • slow 느린   • blue 파란, 파란색의   • cold 추운   • snowy 눈이 많이 내리는

B 다음 문장에서 형용사를 찾아 동그라미 하세요.

1   I like the (tall) tree.

2   I like the old tree.

형용사는 명사 앞이나 be동사 뒤에 쓰니까 명사 앞이나 be동사 뒤에 오는 말을 찾아 동그라미 하면 돼!

3   They love their cute puppy.

4   They love their small puppy.

5   His computer is new.

6   His computer is big.

7   It is snowy.

8   It is cool.

I like the tall tree.

9   I want the yellow shirt.

10 I want the green pants.

| · old 오래된 | · cute 귀여운 | · puppy 강아지 | · computer 컴퓨터 | · want 원하다 |

Grammar Jump!

A 다음 괄호 안에서 알맞은 말을 골라 동그라미 하세요.

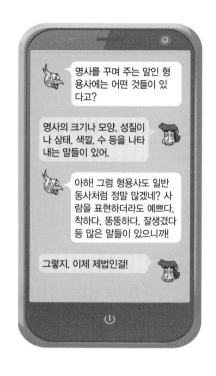

1 It is (hot / (cold)).
날씨가 춥다.

2 The rope is (long / short).
그 밧줄은 짧다.

3 The ship is (big / small).
그 배는 크다.

4 Jack is (weak / strong).
잭은 몸이 약하다.

5 Turtles are (fast / slow).
거북이는 느리다.

6 My socks are (blue / yellow).
내 양말은 파란색이다.

7 His parents are (tall / short).
그의 부모님은 키가 크시다.

8 I have a (white / black) cat.
나는 흰 고양이 한 마리를 가지고 있다.

9 Tiffany loves her (old / new) jeans.
티파니는 자신의 오래된 면바지를 매우 좋아한다.

10 The doctor likes (hot / windy) weather.
그 의사는 바람이 많이 부는 날씨를 좋아한다.

Tiffany loves her old jeans.

• **rope** 밧줄   • **ship** 배   • **turtle** 거북   • **jeans** 면바지   • **weather** 날씨

B 다음 괄호 안에서 알맞은 말을 골라 동그라미 하세요.

1 She is (a happy girl / happy a girl).

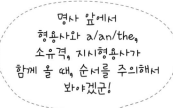

명사 앞에서
형용사와 a/an/the,
소유격, 지시형용사가
함께 올 때, 순서를 주의해서
봐야겠군!

2 It has (a long neck / long a neck).

3 Look at (old the house / the old house).

4 We want (that blue ball / blue that ball).

5 I like (handsome your brother / your handsome brother).

6 She loves (her pretty sister / pretty her sister).

7 It (is cold / cold is).

8 My bag (is black / black is).

It has a long neck.

9 His bed (new is / is new).

10 My brother (is strong / strong is).

· neck 목   · want 원하다   · handsome 잘생긴   · bed 침대   · strong 튼튼한, 힘센

Grammar Fly! ·

★A 다음 보기에서 알맞은 말을 찾아 빈칸에 쓰세요.

windy	yellow	warm	three	new
beautiful	slow	big	red	tall

1 I have a _____yellow_____ scarf.
나는 노란 스카프를 한 개 가지고 있다.

2 Look at the _____ balloon.
그 큰 풍선을 봐.

3 It is _____.
바람이 많이 분다.

4 Yuna is _____.
유나는 아름답다.

5 He has _____ pigs.
그는 돼지 세 마리를 가지고 있다.

6 Giraffes are _____.
기린은 키가 크다.

7 The train is _____.
그 기차는 느리다.

8 These bags are _____.
이 가방들은 새것이다.

9 Jaeseok likes_____ roses.
재석이는 빨간 장미를 좋아한다.

10 It is _____.
날씨가 따뜻하다.

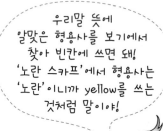

우리말 뜻에 알맞은 형용사를 보기에서 찾아 빈칸에 쓰면 돼! '노란 스카프'에서 형용사는 '노란'이니까 yellow를 쓰는 것처럼 말이야!

He has three pigs.

· scarf 스카프   · balloon 풍선   · beautiful 아름다운   · train 기차   · rose 장미

B 주어진 단어들을 순서대로 바르게 배열하여 문장을 완성하세요.

1 It is _____a_____ _____big_____ pear. (big, a)

2 This is _____ _____ hat. (new, my)

3 He wants _____ _____ pencils. (blue, your)

4 You have _____ _____ ruler. (a, short)

형용사가 주어의 상태나 성질을 설명해 줄 때는 be동사 뒤에 혼자 오는 거야.

5 She likes _____ _____ teacher. (tall, her)

6 He _____ _____. (weak, is)

7 My pet _____ _____. (cute, is)

8 His nose _____ _____. (is, long)

His nose is long.

9 The man _____ _____. (is, sad)

10 The dogs _____ _____. (ugly, are)

· pear 배   · ruler 자   · weak 약한, 힘이 없는   · nose 코   · ugly 못생긴

1 만화를 보면서 형용사의 의미와 종류에 대해 복습해 봐요.

2 다음 표의 빈칸에 알맞은 말을 쓰세요.

종류	형용사	뜻	형용사	뜻
크기/길이	big	큰	1 _____	작은
	2 _____	키가 큰	3 _____	짧은, 키가 작은
성질/상태	fast	4 _____	slow	5 _____
	new	새로운	6 _____	오래된, 낡은
색깔	7 _____	검은, 검은색의	white	흰, 흰색의
	blue	파란, 파란색의	8 _____	노란, 노란색의
날씨	cool	시원한	warm	따뜻한
	rainy	9 _____	10 _____	눈이 많이 내리는
수	11 _____	세 개의		

3 만화를 보면서 형용사가 문장 안에서 어떤 위치에 쓰이는지 복습해 봐요.

4 다음 표의 빈칸에 알맞은 말을 쓰세요.

종류	순서
형용사가 명사 앞에 올 때	a/an/the + 1 _____ + 명사 · a **black** pen 검은색 펜 · an **old** bed 오래된 침대 · the **long** rope 그 긴 밧줄 소유격/지시형용사 + 형용사 + 2 _____ · his **new** bike 그의 새 자전거
형용사가 be동사 뒤에 올 때	주어 + be동사 + 3 _____ · She is **strong**. 그녀는 힘이 세다.

Unit 04 부사와 전치사

- 부사의 종류와 쓰임에 대해 알아봐요.
- 시간과 위치를 나타내는 전치사에 대해 알아봐요.

궁전의 불을 꺼 주었는데도 부사라는 자에게 꼬치꼬치 심문을 당하더니, 시간과 장소를 아는 데 도움이 될 거라며 전치사 배에 덥석 탄 걸리버. 부사가 뭐고 전치사가 뭐길래?

04 부사와 전치사

1 이것저것 꾸며 주는 말, 부사

부사는 '~하게', '~히'라는 뜻으로 동사나 형용사, 다른 부사를 꾸며 영어 문장을 풍부하게 해 줘요.

> 명사만 꾸미란 법 없지!
>
> 우리도 꾸밀 줄 알아. 부사가 있거든.
>
> 동사 형용사 부사

- **동사를 꾸밀 때:** 동사 또는 목적어 뒤에서 **동사의 동작이나 상태를 보충해 줘요.**

  Oliver swims **well**. 올리버는 수영을 잘한다.

- **형용사를 꾸밀 때:** 형용사 바로 앞에서 **형용사의 뜻을 강조해 줘요.**

  Pluto is **so** cute. 플루토는 무척 귀엽다.

- **다른 부사를 꾸밀 때:** 부사 바로 앞에서 **부사의 뜻을 강조해 줘요.**

  Susan studies **very** hard. 수잔은 아주 열심히 공부한다.

💡 여러 가지 부사

부사 만들기	부사	
형용사 + -ly	kind 친절한 – kindly 친절하게 quick 재빠른 – quickly 재빠르게 sad 슬픈 – sadly 슬프게	loud 큰, 시끄러운 – loudly 큰 소리로 slow 느린 – slowly 느리게 careful 주의 깊은 – carefully 주의 깊게
형용사 + -ily	-y로 끝나는 형용사는 -y를 -i로 고친 후 -ly를 붙여요. happy 행복한 – happily 행복하게	easy 쉬운 – easily 쉽게
형용사 = 부사	fast 빠른 – fast 빨리 high 높은 – high 높게	hard 어려운, 단단한 – hard 열심히 late 늦은 – late 늦게
형용사 ≠ 부사	good 훌륭한 – well 잘	

Check Up 다음 말에 알맞은 우리말 뜻을 골라 동그라미 하세요.

정답 및 해설 9쪽 ⭐

1 **happily**   (행복한 / 행복하게)

2 **well**   (잘 / 훌륭한)

3 **loudly**   (시끄럽게 / 시끄러운)

4 **kindly**   (친절한 / 친절하게)

5 **slowly**   (느린 / 느리게)

② 시간을 자세히 알려 주는 전치사

- 전치사는 명사나 대명사와 함께 정확한 장소와 시간, 방법 등을 나타내는 말이에요.
- 시간을 나타내는 전치사는 어떤 일이 '언제' 일어났는지 알려 줘요.

at	on	in
특정한 시각 앞에	요일이나 날짜, 특정한 날 앞에	월, 연도, 계절 앞에

at seven o'clock　7시에
on Sunday　일요일에
in October　10월에

난 너와 절대 떨어질 수 없어.

전치사　명사

③ 장소를 정확하게 말해 주는 전치사

장소를 나타내는 전치사는 어떤 것이 '어디에' 있는지 알려 줘요.

in	on	under	behind	next to
~ 안에	~ 위에	~ 아래에	~ 뒤에	~ 옆에

in the box ·······
on the towel ·······
under the box ·······

behind the box
next to the box

Check Up　다음 우리말에 해당하는 말을 찾아 선으로 연결하세요.　　정답 및 해설 9쪽

1　~ 뒤에　•

2　~ 안에　•

3　~ 옆에　•

4　~ 위에　•

5　~ 아래에　•

•　next to

•　in

•　behind

•　under

•　on

Grammar Walk! . . . .

A 다음 문장의 뜻을 생각하며 부사를 따라 써 보세요.

1 I dance _well_ .

2 You sing _very_ well.

3 He is _so_ diligent.

4 She lives _happily_ .

5 We think _carefully_ .

6 Susie speaks _slowly_ .

7 Susie gets up _early_ .

8 Haha runs _fast_ .

9 The nurses study _hard_ .

10 The nurses help him _kindly_ .

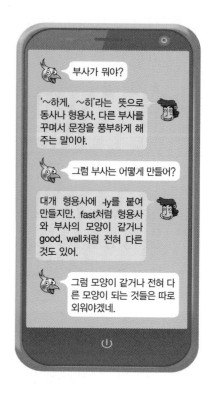

부사가 뭐야?

'～하게, ～히'라는 뜻으로 동사나 형용사, 다른 부사를 꾸며서 문장을 풍부하게 해 주는 말이야.

그럼 부사는 어떻게 만들어?

대개 형용사에 -ly를 붙여 만들지만, fast처럼 형용사와 부사의 모양이 같거나 good, well처럼 전혀 다른 것도 있어.

그럼 모양이 같거나 전혀 다른 모양이 되는 것들은 따로 외워야겠네.

Susie gets up early.

· **diligent** 부지런한   · **think** 생각하다   · **speak** 말하다   · **get up** (잠자리에서) 일어나다   · **nurse** 간호사

B 다음 말의 뜻을 생각하며 전치사를 따라 써 보세요.

전치사는 명사나 대명사 앞에 쓰여 장소나 시간, 방법, 위치 등을 나타내 줘.

1 <u>at</u> six o'clock

2 <u>on</u> Sunday

3 <u>on</u> Christmas Day

4 <u>in</u> October

5 <u>in</u> 2013

6 <u>in</u> the car

7 <u>on</u> the piano

8 <u>under</u> the bridge

9 <u>behind</u> the hospital

10 <u>next to</u> the park

under the bridge

• **Christmas Day** 크리스마스 날　• **October** 10월　• **bridge** 다리　• **hospital** 병원　• **park** 공원

Grammar Run!......................

★A 다음 문장에서 부사를 찾아 동그라미 하세요.

1 She jumps (well).

동사나 형용사,
다른 부사를
꾸며 주는 말이
부사라는 걸 잊지 마!

2 She studies English very hard.

3 We walk slowly.

4 We are very happy.

5 They are so fat.

6 They drive a car quickly.

7 Mark looks at me sadly.

8 Mark shouts loudly.

9 My grandpa makes a box easily.

10 My grandpa smiles happily.

My grandpa makes a box easily.

• study 공부하다   • walk 걷다   • drive 운전하다   • shout 소리치다   • smile 미소 짓다

B 다음 문장에서 시간을 나타내는 전치사를 찾아 동그라미 하세요.

1 My birthday is (in) March.

2 He gets up at five o'clock.

3 He doesn't go to school on Sunday.

4 We go to Seoul in October.

5 We play soccer on Monday.

> 쉽네~.
> 시간을 나타내는 전치사는
> at, in, on! 장소를 나타내는
> 전치사는 in, on, under, behind,
> next to니까 그 단어들에
> 동그라미! 헤헤!

C 다음 문장에서 장소를 나타내는 전치사를 찾아 동그라미 하세요.

1 She is in the room.

2 She is under the tree.

3 A doll is on the box.

4 A doll is next to the box.

5 A doll is behind the box.

A doll is next to the box.

| · birthday 생일 | · March 3월 | · Monday 월요일 | · room 방 | · doll 인형 |

Grammar Jump!

★ A 다음 괄호 안에서 알맞은 말을 골라 동그라미 하세요.

1 I play tennis (good / (well)).
나는 테니스를 잘 친다.

말줄 친
우리말에 알맞은
부사를 찾아 동그라미 하면
되겠군!

2 You swim (fast / fastly).
너는 <u>빨리</u> 헤엄친다.

3 He plays the violin (very / verily) well.
그는 바이올린을 <u>매우</u> 잘 켠다.

4 The airplane flies (high / highly).
그 비행기는 <u>높이</u> 난다.

5 They speak English (slow / slowly).
그들은 영어를 <u>천천히</u> 말한다.

6 My grandma gets up (late / lately).
우리 할머니는 <u>늦게</u> 일어나신다.

형용사를 부사로 만들 때
대부분 -ly를 붙이지만,
그렇지 않은 경우도 있으니까
잘 살펴봐야 해!

7 His sister helps us (kind / kindly).
그의 여동생은 우리를 <u>친절하게</u> 돕는다.

8 The baby cries (loud / loudly).
그 아기는 <u>큰 소리로</u> 운다.

9 The cook drives a car (careful / carefully).
그 요리사는 차를 <u>조심스럽게</u> 운전한다.

10 The men sing (happy / happily).
그 남자들은 <u>행복하게</u> 노래한다.

· **violin** 바이올린　　· **grandma** 할머니　　· **cry** 울다　　· **loudly** 큰 소리로, 크게　　· **cook** 요리사

B 다음 괄호 안에서 알맞은 말을 골라 동그라미 하세요.

1   I go to school (**at** / in) nine o'clock.

2   She doesn't work (on / at) Monday.

3   Children's Day is (in / at) May.

4   They have breakfast (in / at) six o'clock.

5   My mom goes to the park (in / on) Sunday.

C 다음 괄호 안에서 알맞은 말을 골라 동그라미 하세요.

1   A cup is (on / **next to**) the book.
    컵 한 개가 책 옆에 있다.

2   An apple is (in / on) the box.
    사과 한 개가 상자 안에 있다.

3   The mittens are (under / behind) the chair.
    그 벙어리장갑이 의자 아래에 있다.

4   My kitten is (under / on) the bike.
    내 새끼 고양이가 자전거 위에 있다.

5   Two puppies are (on / behind) the tree.
    강아지 두 마리가 나무 뒤에 있다.

My kitten is on the bike.

• work 일하다   • Children's Day 어린이날   • May 5월   • Sunday 일요일   • kitten 새끼 고양이

Grammar Fly! · · · · · · · · · · · · · · · ·

A 다음 보기에서 알맞은 말을 찾아 빈칸에 쓰세요.

early	happily	well	carefully	high
fast	very	late	sadly	easily

1 I walk _____fast_____ .
나는 빨리 걷는다.

2 You swim _____.
너는 수영을 잘한다.

3 He works _____ hard.
그는 매우 열심히 일한다.

4 She comes home _____.
그녀는 집에 늦게 온다.

> 먼저 우리말에서
> 부사를 찾은 다음, 그 의미에
> 알맞은 영어를 찾아 빈칸을
> 채워야겠다!

5 We go to bed _____.
우리는 일찍 잔다.

6 They smile _____.
그들은 행복하게 미소 짓는다.

7 My dad drives _____.
우리 아빠는 조심스럽게 운전하신다.

8 The singer sings _____.
그 가수는 슬프게 노래를 부른다.

9 The kangaroo jumps _____.
그 캥거루는 높이 점프한다.

10 The girls learn English _____.
그 여자아이들은 영어를 쉽게 배운다.

· **swim** 수영하다   · **singer** 가수   · **kangaroo** 캥거루   · **jump** 뛰다, 점프하다   · **learn** 배우다

B 다음 보기에서 알맞은 말을 찾아 빈칸에 쓰세요.

at	on	in	under	behind	next to

1 I get up ____at____ five o'clock.
나는 5시에 일어난다.

2 His birthday is _____ March.
그의 생일은 3월이다.

3 We have dinner _____ eight o'clock.
우리는 8시에 저녁 식사를 한다.

4 They go to Daejeon _____ October.
그들은 10월에 대전에 간다.

5 My friends play soccer _____ Sunday.
내 친구들은 일요일에 축구를 한다.

6 A camera is _____ the bed.
사진기 한 대가 침대 밑에 있다.

7 A clock is _____ the wall.
시계 하나가 벽에 있다.

8 Some oranges are _____ the basket.
오렌지 몇 개가 바구니 안에 있다.

9 My bike is _____ _____ the bench.
내 자전거는 벤치 옆에 있다.

10 The taxi is _____ the bus.
그 택시는 버스 뒤에 있다.

· camera 사진기, 카메라   · clock 시계   · wall 벽   · basket 바구니   · bench 벤치

QUIZ

1 만화를 보면서 부사의 의미와 쓰임에 대해 복습해 봐요.

2 다음 표의 빈칸에 알맞은 부사를 쓰세요.

종류	형용사	부사	형용사	부사
형용사 + -ly	kind	kindly	loud	1 _____
	quick	2 _____	slow	slowly
	sad	sadly	careful	3 _____
형용사 + -ily	happy	4 _____	easy	easily
형용사 = 부사	fast	5 _____	early	early
	hard	6 _____	late	late
형용사 ≠ 부사	good	7 _____		

3 만화를 보면서 시간과 장소를 나타내는 전치사에 대해 복습해 봐요.

4 다음 표의 빈칸에 알맞은 전치사를 쓰세요.

종류		쓰임 및 의미	전치사
전치사	시간을 나타내는 말	특정한 시각 앞에	1 _____
		요일, 날짜, 특정한 날 앞에	on
		월, 연도 앞에	2 _____
	장소를 나타내는 말	~ 안에	3 _____
		~ 위에	4 _____
		~ 아래에	5 _____
		~ 뒤에	6 _____
		~ 옆에	7 _____

[1-3] 다음 우리말 뜻과 같도록 빈칸에 알맞은 말을 고르세요.

1 그 고양이는 크다. ➡ The cat is _____.

❶ white ❷ big ❸ warm

2 비행기는 빠르다. ➡ Airplanes are _____.

❶ tall ❷ happy ❸ fast

3 날씨가 시원하다. ➡ The weather is _____.

❶ cool ❷ long ❸ short

[4-5] 다음 주어진 말이 들어가기에 알맞은 위치를 고르세요.

4 I ❶ have ❷ a ❸ ball. (blue)
나는 파란색 공이 하나 있다.

5 His ❶ grandpa ❷ is ❸ . (tall)
그의 할아버지는 키가 크시다.

6 다음 중 잘못된 문장을 고르세요.

❶ Her brother is tall.

❷ He is smart a boy.

❸ The actor is angry.

7 다음 중 우리말과 영어가 잘못 짝지어진 것을 고르세요.

❶ 낡은 컴퓨터 한 대 – an old computer

❷ 흰 강아지 한 마리 – a white puppy

❸ 내 귀여운 여동생 – cute my sister

[8-10] 다음 우리말 뜻과 같도록 빈칸에 알맞은 말을 고르세요.

8 주디는 높이 뛴다. ➡ Judy jumps _____.

❶ slowly   ❷ high   ❸ hard

9 그 농부들은 일찍 일어난다. ➡ The farmers get up _____.

❶ easily   ❷ carefully   ❸ early

10 그 남자아이들은 큰 소리로 노래한다. ➡ The boys sing _____.

❶ loudly   ❷ loud   ❸ quickly

[11-13] 다음 괄호 안에서 알맞은 말을 고르세요.

11 They have dinner (at / in / on) six o'clock.

12 Kevin plays the violin (at / in / on) Sunday.

13 My birthday is (at / in / on) March.

[14-15] 그림을 보고, 다음 괄호 안에서 알맞은 말을 고르세요.

14

My dog is (on / under / next to) the car.

15

A ball is (in / behind / under) the table.

[16-17] 다음 주어진 단어의 반대말을 빈칸에 쓰세요.

16 new – _____

17 long – _____

[18-20] 다음 우리말 뜻과 같도록 빈칸에 알맞은 말을 쓰세요.

18 그는 자신의 차를 조심스럽게 운전한다.

➡ He drives his car _____.

19 소라는 나무 뒤에 있다.

➡ Sora is _____ the tree.

20 우리 집은 학교 옆에 있다.

➡ My house is _____ _____ the school.

의문사 (1)

- 의문사의 종류와 쓰임에 대해 알아봐요.
- 의문사가 있는 의문문과 그 대답에 대해 알아봐요.

계속 이런저런 질문을 들으니까 머리가 핑핑 정신이 하나도 없네. 그런데 농부 아저씨가 준비한 의문사 팻말은 뭘까? 팻말마다 다른 정보를 묻는 거 같았는데 무슨 의미일까?

Unit 05 의문사 (1)

❶ 이것저것 궁금하면 의문사로 물어봐!

- 의문사는 '누가', '언제', '어디에' 등 좀 더 자세한 정보를 물어볼 때 사용하는 말이에요.
  의문사를 사용해서 특정 정보를 물어보는 문장을 의문사 의문문이라고 해요.

who	'누구'인지 물어볼 때	what	'무엇'인지 물어볼 때
when	'언제'인지 물어볼 때	where	'어디'인지 물어볼 때
how	'어떻게'인지 물어볼 때	why	'왜'인지 물어볼 때

Who are you?
너는 누구니?

What do you like?
너는 무엇을 좋아하니?

When is your birthday?
네 생일은 언제니?

Where is your school?
네 학교는 어디에 있니?

How do you go to school?
너는 학교에 어떻게 가니?

Why are you so happy?
너는 왜 그렇게 행복하니?

- 의문사 의문문은 yes나 no로 대답하지 않고, 질문한 내용에 대해 구체적으로 대답해요.

  Who is she? 그녀는 누구니? **My aunt.** 우리 이모이다.

  When do you have lunch? 너는 언제 점심 식사를 하니? **At 12 o'clock.** 12시에.

Check Up 다음 의문사의 우리말 뜻을 찾아 선으로 연결하세요. 정답 및 해설 11쪽 ★

1 who   2 how   3 where   4 why   5 when   6 what

·   ·   ·   ·   ·   ·

·   ·   ·   ·   ·   ·

어떻게   무엇   어디   언제   누구   왜

② 의문사 있는 의문문으로 묻기

- 의문사 + be동사 의문문: be동사가 있는 의문사 의문문은 「의문사+be동사+주어?」로 써요. 이때 be동사는 뒤에 나오는 주어에 따라 am, are, is 중 알맞은 것을 써야 해요.

  Who is that girl? 저 여자아이는 누구니?　　　**What are those?** 저것들은 무엇이니?

- 의문사 + 일반동사 의문문: 일반동사가 있는 의문사 의문문은 「의문사+do[does]+주어+ 동사원형 ~?」으로 써요. 주어가 3인칭 단수일 때는 does를, 그 외에는 do를 써요.

  Who do you like?　　**What does Nate like?**

  너는 누구를 좋아하니?　　네이트는 무엇을 좋아하니?

③ 의문사 who와 what

- '누구'라는 뜻의 who로 물어볼 때는 사람의 이름이나 신분 등으로 대답해요.

  Who is Jake? 제이크가 누구니?　**He is my brother.** 그는 내 형이다.

- '무엇'이라는 뜻의 what으로 물어볼 때는 사물의 이름이나 종류 등으로 대답해요.

  What is this? 이것은 무엇이니?　**It's an eraser.** 그것은 지우개이다.

Check Up 주어진 의문사가 들어가기에 알맞은 위치를 골라 체크표 하세요.　　정답 및 해설 11쪽

1　who　　❶ is ❷ your teacher ❸ ?

2　who　　❶ do ❷ you like ❸ ?

3　what　　❶ is ❷ your name ❸ ?

4　what　　❶ does ❷ your brother ❸ study?

Grammar Walk! . . . .

A 다음 문장의 뜻을 생각하며 의문사를 따라 써 보세요.

1 ___Who___ is the boy?

2 ___Why___ is Sam so sad?

3 ___When___ is your birthday?

4 ___Where___ is your house?

5 ___How___ are your grandparents?

6 ___Where___ does she live?

7 ___What___ do you have?

8 ___When___ do they get up?

9 ___How___ does Alice go to school?

10 ___Why___ does Sandara call him?

• house 집   • grandparents 조부모(할머니와 할아버지)   • live 살다   • get up 일어나다   • call 전화하다

B 다음 문장의 뜻을 생각하며 따라 써 보세요.

1 Who is she?

2 What is that?

문장에 be동사가
있을 때는 의문사를 be동사
앞에 두고, 일반동사가 있을 땐
의문사를 do나 does
앞에 두는구나!

3 When is the test?

4 How are you?

5 Why are they angry?

6 Where are their crayons?

7 Where do pandas live?

8 What does the monkey eat?

9 Who does she like?

10 When does the concert begin?

• test 시험   • angry 화난, 성난   • panda 판다   • concert 콘서트, 연주회   • begin 시작하다

Grammar Run!......................

★A 다음 문장에서 의문사를 찾아 동그라미 하세요.

1 (Who) is that woman?

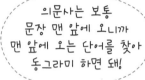

2 Where is his car?

3 How is your mother?

4 Why are you so tired?

5 How do you go to school?

6 When do you go to bed?

7 What do you do after school?

What do you do after school?

8 Where does your puppy sleep?

9 What does Yumi do on Sunday?

10 Why do you like Park Jisung?

• **woman** (성인) 여자   • **tired** 피곤한   • **go to bed** 자다, 취침하다   • **after school** 방과 후에   • **sleep** (잠을) 자다

B 다음 문장에서 밑줄 친 의문사의 우리말 뜻을 빈칸에 쓰세요.

1 <u>Who</u> is Sam?   누구

2 <u>When</u> is the picnic?   _____

3 <u>Where</u> are my pants?   _____

> who는 '누구', what은 '무엇', where는 '어디', when은 '언제', how는 '어떻게', why는 '왜'인지 물어볼 때 쓰는 말! 헤헤, 이제 다 안다!

4 <u>How</u> are your parents?   _____

5 <u>What</u> are these?   _____

6 <u>Why</u> are you late?   _____

> When is the picnic?

7 <u>When</u> do you go to the pool?   _____

8 <u>Why</u> do you like me?   _____

9 <u>What</u> does she eat for lunch?   _____

10 <u>Where</u> does Judy play tennis?   _____

• picnic 소풍   • pants 바지   • parents 부모(어머니와 아버지)   • late 늦은   • pool 수영장

Grammar Jump!

1 Who ((are) / is) you?

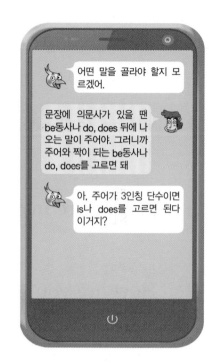

2 What (are / is) it?

3 Who (are / is) the women?

4 What (are / is) those boxes?

5 Who (are / is) your brother?

6 What (do / does) he do after school?

7 Who (do / does) they like?

8 What (do / does) the girl have?

What does the girl have?

9 Who (do / does) he hate?

10 What (do / does) your friends want?

| • woman (성인) 여자 | • have 가지다 | • hate 몹시 싫어하다 | • friend 친구 | • want 원하다 |

정답 및 해설 12쪽

B 다음 괄호 안에서 알맞은 말을 골라 동그라미 하세요.

1 **A:** ((Who) / What) is she?　　　**B:** She is <u>my friend.</u>

말풍선: 대답이 '누구'에 대한 것이면 who를, '무엇'에 대한 것이면 what을 고르면 되겠구나!

2 **A:** (Who / What) is this?　　　**B:** It's a <u>ruler.</u>

3 **A:** (Who / What) are those?　　　**B:** They are <u>my socks.</u>

4 **A:** (Who / What) is that man?　　**B:** He is <u>my teacher.</u>

5 **A:** (Who / What) is he?　　　**B:** He is <u>Sam.</u>

6 **A:** (Who / What) do you like?　　**B:** I like <u>Bob.</u>

7 **A:** (Who / What) do they do after school?　**B:** They <u>play soccer.</u>

8 **A:** (Who / What) do spiders eat?　**B:** They eat <u>insects.</u>

9 **A:** (Who / What) does she have?　**B:** She has <u>five flowers.</u>

10 **A:** (Who / What) does your brother love?　**B:** He loves <u>Ann.</u>

- ruler 자　　　・do 하다　　　・spider 거미　　　・eat 먹다　　　・insect 곤충

Grammar Fly! . . . .

★**A** 다음 문장의 빈칸에 알맞은 be동사나 do 또는 does를 쓰세요.

1 What ___are___ they?

2 Who _____ the tall man?

3 What _____ her name?

의문문 안에
일반동사가 있으면
do 또는 does가
필요해!

4 Who _____ this old lady?

5 What _____ their phone numbers?

6 Who _____ he like?

7 What _____ you do on Saturday?

8 What _____ they cook for dinner?

What do they
cook for dinner?

9 Who _____ he visit every week?

10 What _____ she sell?

· phone number 전화번호　　· Saturday 토요일　　· cook 요리하다　　· every week 매주　　· sell 팔다

B 다음 대화의 빈칸에 who나 what을 쓰세요.

1 A: ___What___ are they?   B: They are oranges.

2 A: _____ is he?   B: He is my father.

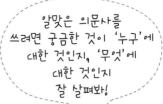

3 A: _____ are those?   B: They are sheep.

4 A: _____ is it?   B: It's my diary.

5 A: _____ does May know?   B: She knows Billy.

6 A: _____ do the cooks need?   B: They need sugar.

7 A: _____ does Jane like?   B: She likes Justin.

8 A: _____ do you do on Tuesday? B: I go to the pool.

9 A: _____ does she want?   B: She wants some water.

10 A: _____ is your favorite singer?
   B: My favorite singer is Chris.

· diary 일기   · Tuesday 화요일   · some 약간의   · favorite 매우 좋아하는

QUIZ

1 만화를 보면서 의문사의 종류와 쓰임에 대해 복습해 봐요.

2 다음 표의 빈칸에 알맞은 의문사를 쓰세요.

쓰임	의문사	예
'누구'인지 물어볼 때	1 _____	Who is Jane?
'무엇'인지 물어볼 때	2 _____	What is your name?
'언제'인지 물어볼 때	3 _____	When is the picnic?
'어디'인지 물어볼 때	4 _____	Where are you?
'어떻게'인지 물어볼 때	5 _____	How are your parents?
'왜'인지 물어볼 때	6 _____	Why do you like me?

3 만화를 보면서 의문사가 있는 의문문과 그 대답에 대해 복습해 봐요.

4 다음 표의 빈칸에 알맞은 말을 쓰세요.

종류	형식	
의문사와 be동사가 있는 의문문	의문사 + 1_____ + 2_____?	
의문사와 일반동사가 있는 의문문	의문사 + do/does + 3_____ + 4_____?	

구분	의문문	대답
사람의 이름이나 신분을 물어볼 때	5_____ is she?	She is my sister.
사물의 이름, 종류를 물어볼 때	6_____ is this?	It's an umbrella.

06 의문사 (2)

- 「what + 명사」의 의문문과 그 대답에 대해 알아봐요.
- 「how + 형용사」의 의문문과 그 대답에 대해 알아봐요.

what과 how는 '무엇'과 '어떻게'가 궁금할 때 쓰는 의문사였는데……. 뒤에 다른 말이 붙으면 또 다른 내용을 물을 수가 있나 봐! 무슨 의미가 어떻게 변하는 걸까?

Unit 06 의문사 (2)

❶ what이 명사와 짝이 될 때

의문사 **what**이 명사와 짝이 되면 '무슨 ~', '어떤 ~'이라는 뜻으로 쓰여요.

- **What time is it? 몇 시니?**: 현재 시각이 '몇 시'인지 묻는 표현이에요.
  「It's+시간.」으로 대답해요.

  What time is it? 몇 시니?   **It's ten o'clock.** 10시다.

- **What day is it? 무슨 요일이니?**: 오늘이 '무슨 요일'인지 묻는 말이에요.
  「It's+요일.」로 대답해요.

  What day is it today? 오늘은 무슨 요일이니?   **It's Monday.** 월요일이다.

- **what color**: '무슨 색'인지 물어보는 말이에요. 「What color+be동사+주어?(~는 무슨 색이니?)」로 물어보면 「주어+be동사+색.」으로 대답해요.

  What color is it? 그것은 무슨 색이니?   **It's red.** 그것은 빨간색이다.

 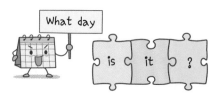 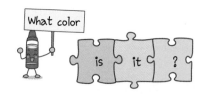

- **요일을 나타내는 말**

요일	뜻	요일	뜻
Monday	월요일	Tuesday	화요일
Wednesday	수요일	Thursday	목요일
Friday	금요일	Saturday	토요일
Sunday	일요일	weekend	주말

Check Up   알맞은 우리말 뜻을 찾아 선으로 연결하세요.   정답 및 해설 13쪽

1 what time   •   •   무슨 요일

2 what color   •   •   몇 시

3 what day   •   •   무슨 색

② how가 형용사와 짝이 될 때

의문사 **how**가 형용사와 짝이 되면 '얼마나 ~한'이라는 의미가 돼요.

- **How old+be동사+주어?**: '~는 몇 살이니?'라는 뜻으로 나이를 묻는 표현이에요.
  「나이+years old.」로 대답해요.

  How old are you? 너는 몇 살이니?
  How old is she? 그녀는 몇 살이니?

  Nine years old. 아홉 살이다.
  Ten years old. 열 살이다.

- **How much+be동사+주어?**: '~는 얼마니?'라는 뜻으로 사물의 가격을 묻는 말이에요.
  「가격+단위.」로 대답해요.

  How much is the rose? 그 장미꽃은 얼마니?

  Three thousand won. 3,000원이다.

- **How many+복수명사+do/does+주어+동사원형 ~?**: '얼마나 많은 ~을 …하니?'라는 뜻으로 사물의 개수를 물어보는 말이에요. 주어가 3인칭 단수일 때는 do 대신 does를 써요.

  How many books do you have?
  너는 책을 몇 권 가지고 있니?

  Ten.
  열 권을 가지고 있다.

  How many books does she have?
  그녀는 책을 몇 권 가지고 있니?

  Twelve.
  열두 권을 가지고 있다.

Check Up 알맞은 우리말 뜻을 찾아 선으로 연결하세요.   정답 및 해설 13쪽

1 how many   •   •   (가격이) 얼마

2 how much   •   •   (수가) 얼마나 많은

3 how old   •   •   몇 살

Grammar Walk! . . . .

★**A** 다음 대화의 뜻을 생각하며 따라 써 보세요.

1 **A:** What time is it now? **B:** It's one o'clock.

2 **A:** What time is it now? **B:** It's nine o'clock.

3 **A:** What time is it? **B:** It's three o'clock.

4 **A:** What day is it today? **B:** It's Tuesday.

5 **A:** What day is it today? **B:** It's Thursday.

6 **A:** What day is it today? **B:** It's Friday.

7 **A:** What color is this? **B:** It's black.

8 **A:** What color is the cap? **B:** It's yellow.

9 **A:** What color are your boots? **B:** They're blue.

10 **A:** What color is it? **B:** It's pink.

· now 지금   · o'clock ~시   · today 오늘   · black 검은색의   · boots 부츠   · pink 분홍색의

B 다음 대화의 뜻을 생각하며 따라 써 보세요.

1 A: How old is he?   B: Eight years old.

2 A: How old are they?   B: Four years old.

3 A: How old is your sister?   B: Ten years old .

4 A: How much is the pen?   B: Six hundred won.

5 A: How much is it?   B: One hundred won .

6 A: How much are they?   B: Two thousand won.

7 A: How many dogs do you have?   B: Two.

8 A: How many flowers does Bill have?   B: Four.

9 A: How many balls does he have?   B: Three .

10 A: How many eggs do I have?   B: Twenty .

• pen 펜   • hundred 100, 백   • won 원(한국의 화폐 단위)   • thousand 1000, 천

Grammar Run!......................

★**A**   다음 대화에서 「what+명사」를 찾아 동그라미 하세요.

1   A: (What day) is it today?   B: It's Wednesday.

2   A: What time is it?   B: It's ten o'clock.

3   A: What color is the sky?   B: It's blue.

> what이 명사와 짝이 되면 의미가 바뀌는 거야?
>
> 응. 그때 what은 '무슨 ~, 어떤 ~'라는 뜻이야.
>
> 예를 들면?
>
> what time은 '몇 시'인지, what day는 '무슨 요일'인지 물어보는 표현이 되지.
>
> 그럼 what color는 '무슨 색'인지 물어보는 표현이겠구나!

4   A: What time is it now?   B: It's four o'clock.

5   A: What day is it today?   B: It's Saturday.

6   A: What color is the apple?   B: It's red.

7   A: What day is it today?   B: It's Thursday.

8   A: What color is the rabbit?   B: It's white.

9   A: What time is it now?   B: It's twelve o'clock.

10   A: What color are the dishes?   B: They're yellow.

• sky 하늘   • blue 파란, 파란색의   • Thursday 목요일   • dish 접시   • yellow 노란, 노란색의

B 다음 대화에서 「how+형용사」를 찾아 동그라미 하세요.

1 A: (How old) is he? B: Thirteen years old.

> 의문사 how는 뒤에 형용사가 오면 '얼마나 ~한'의 의미로 바뀌는 걸 잊지 말자고!

2 A: How much is the cup? B: Two thousand won.

3 A: How many notebooks do you want? B: Seven.

4 A: How old is your uncle? B: Twenty years old.

5 A: How many legs does the bee have? B: Six.

6 A: How much are these carrots? B: Four thousand won.

7 A: How many pigs do they have? B: Sixteen.

8 A: How old is Joanne? B: Six years old.

9 A: How much are the grapes? B: Three thousand won.

10 A: How old are they? B: Seventeen years old.

· notebook 공책   · want 원하다   · bee 벌   · carrot 당근   · grape 포도

Grammar Jump!

A 다음 괄호 안에서 알맞은 말을 골라 동그라미 하세요.

1 A: What ((color) / day) is the cat?
   B: It's black.

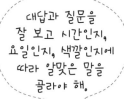

2 A: What (day / time) is it today?
   B: It's Saturday.

3 A: What (color / time) is it now?
   B: It's three o'clock.

4 A: (What color / What day) is it today?
   B: It's Wednesday.

5 A: (What day / What time) is it?
   B: It's two o'clock.

6 A: (What color / What time) is the blouse?
   B: It's green.

7 A: What day is it today?
   B: It's (Sunday / blue).

8 A: What time is it now?
   B: It's (Monday / six o'clock).

9 A: What day is it today?
   B: It's (pink / Thursday).

10 A: What color are his eyes?
   B: They're (blue / nine o'clock).

· Wednesday 수요일   · blouse 블라우스   · green 초록색의   · pink 분홍색의   · eye 눈

B 다음 괄호 안에서 알맞은 말을 골라 동그라미 하세요.

1   A: (How old / How much) is his dog?
     B: Two years old.

2   A: (How much / How many) is the jacket?
     B: Ten dollars.

3   A: (How many / How old) potatoes do you have?
     B: Three.

4   A: How many (robot / robots) does she have?
     B: Twelve.

5   A: How many (banana / bananas) does he have?
     B: Twenty.

6   A: How many (bat / bats) do the kids have?
     B: Nine.

7   A: How much is the watermelon?
     B: (Five thousand won / Seven).

8   A: How many chickens do they have?
     B: (Eight years old / Seventeen).

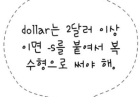

dollar는 2달러 이상
이면 -s를 붙여서 복
수형으로 써야 해.

9   A: How many balloons does she have?
     B: (Six / Six hundred won).

10 A: How old are the girls?
     B: (Ten years old / Ten thousand won).

• jacket 재킷   • dollar 달러(화폐 단위)   • bat 방망이, 배트   • kid 아이, 어린이   • chicken 닭

Grammar Fly! •

★A 다음 대화의 빈칸에 알맞은 말을 쓰세요.

1 A: What ___time___ is it?
   몇 시니?
   B: It's two o'clock.
   2시다.

2 A: What _____ is it today?
   오늘은 무슨 요일이니?
   B: It's Tuesday.
   화요일이다.

3 A: What _____ is the lemon?
   그 레몬은 무슨 색이니?
   B: It's yellow.
   노란색이다.

4 A: _____ _____ is it today?
   오늘은 무슨 요일이니?
   B: It's Monday.
   월요일이다.

5 A: _____ _____ is his hair?
   그의 머리카락은 무슨 색이니?
   B: It's black.
   검은색이다.

> It's two o'clock.과 It's Tuesday.같은 문장에서 It은 시간이나 요일을 나타내는 말로 특별한 뜻이 없어.

6 A: _____ _____ is it now?
   지금 몇 시니?
   B: It's four o'clock.
   4시다.

7 A: What color is her coat?
   그녀의 외투는 무슨 색이니?
   B: It's _____.
   빨간색이다.

8 A: What time is it?
   몇 시니?
   B: It's _____ o'clock.
   6시다.

9 A: What day is it today?
   오늘은 무슨 요일이니?
   B: It's _____.
   토요일이다.

10 A: What color are your mittens?
   네 벙어리장갑은 무슨 색이니?
   B: They're _____.
   파란색이다.

· lemon 레몬   · yellow 노란색의   · hair 머리카락   · coat 외투   · mitten 벙어리장갑 (한 짝)

B 다음 보기에서 알맞은 말을 찾아 빈칸에 쓰세요.

old	much	many	how

1 **A:** How __old__ are you?　　　　**B:** Seven years old.

2 **A:** How _____ is the ruler?　　　　**B:** One dollar.

3 **A:** How _____ are the babies?　　　　**B:** Two years old.

4 **A:** _____ _____ is your umbrella?　　　　**B:** Ten dollars.

5 **A:** _____ _____ fish do you have?　　　　**B:** Twelve.

6 **A:** _____ _____ is your cousin?　　　　**B:** Fifteen years old.

7 **A:** How _____ are the cookies?　　　　**B:** Four dollars.

8 **A:** How _____ brothers does she have?　　　　**B:** Two.

9 **A:** How _____ pigs do you have?　　　　**B:** Three.

10 **A:** How _____ is the penguin?　　　　**B:** One year old.

· ruler 자　　· umbrella 우산　　· cousin 사촌　　· cookie 쿠키, 과자　　· penguin 펭귄

UIZ

1 만화를 보면서 「what+명사」의 의문문에 대해 복습해 봐요.

2 다음 표의 빈칸에 알맞은 말을 쓰세요.

종류	의문문	대답
what +명사	What 1 **time** is it? 몇 시니?	It's + 시간.
	What 2 _____ is it? 무슨 요일이니?	It's + 요일.
	What 3 _____ + be동사+주어? ~은 무슨 색이니?	주어 + be동사 + 색.

3 다음 단어의 뜻을 빈칸에 쓰세요.

요일	뜻	요일	뜻
Monday	1 **월요일**	Tuesday	2 _____
Wednesday	3 _____	Thursday	4 _____
Friday	5 _____	Saturday	6 _____
Sunday	7 _____	weekend	8 _____

4 만화를 보면서 「how+형용사」의 의문문에 대해 복습해 봐요.

5 다음 표의 빈칸에 알맞은 말을 쓰세요.

종류	의문문과 대답	예문
how +형용사	· How 1 _____old_____ + be동사 + 주어? ~는 몇 살이니? · 나이 + years old.	How old is your sister? Thirteen years old.
	· How 2 _____ + be동사 + 주어? ~은 얼마니? · 가격 + 단위.	How much is this? Six hundred won.
	· How 3 _____ + 복수명사 + do/does + 주어 + 동사원형 ~? 얼마나 많은 ~을 …하니? · 숫자.	How many dogs do you have? Two.

REVIEW · 03

1 다음 밑줄 친 말과 우리말 뜻이 <u>잘못</u> 짝지어진 것을 고르세요.

❶ <u>How</u> are you? – 어떻게

❷ <u>Why</u> are you so happy? – 누가

❸ <u>Where</u> is it? – 어디에

[2-5] 다음 대화의 빈칸에 알맞은 말을 고르세요.

2

A: _____ are they?

B: They are my friends.

❶ Who   ❷ What   ❸ Where

3

A: _____ does Hongcheol have?

B: He has a red hat.

❶ Who   ❷ What   ❸ Where

4

A: _____ is that?

B: It's white.

❶ What time   ❷ What day   ❸ What color

5

A: _____ umbrellas does Jessica have?

B: Two.

❶ How old   ❷ How much   ❸ How many

[6-8] 다음 괄호 안에서 알맞은 말을 고르세요.

6   Who (am / are / is) they?

7   What (am / are / is) this?

8   What (do / does / is) his sister have?

[9-10] 다음 중 짝지어진 대화가 <u>어색한</u> 것을 고르세요.

9 ❶ A: Who is she?
    B: She is Jason's mom.

   ❷ A: What do you like?
    B: I like monkeys.

   ❸ A: What day is it today?
    B: It's cold.

10 ❶ A: How many pencils does she have?
    B: Thirteen.

   ❷ A: How old is your grandma?
    B: Two hundred won.

   ❸ A: What time is it?
    B: It's eleven o'clock.

REVIEW · 03

[11-12] 다음 질문에 대한 알맞은 대답을 고르세요.

11

> What color is that?

❶ It's white. ❷ It's Friday. ❸ It's seven o'clock.

12

> How much is this pencil case?

❶ Two thousand won ❷ Two years old. ❸ Three.

[13-15] 다음 괄호 안에서 알맞은 말을 고르세요.

13

> A: How (old / much / many) are you?
> B: Ten years old.

14

> A: How (old / much / many) are those onions?
> B: Two thousand won.

15

> A: How (old / much / many) pens do you have?
> B: Nine.

[16-20] 다음 대화의 빈칸에 알맞은 단어를 쓰세요.

16

A: _____ is he?

B: He's my uncle.

17

A: _____ is this?

B: It's an eraser.

18

A: What _____ is it today?

B: It's Saturday.

19

A: How _____ is this notebook?

B: Two dollars.

20

A: How _____ is she?

B: Eleven years old.

현재 진행형

- 현재 진행형의 긍정문과 그 의미에 대해 알아봐요.
- 「동사원형-ing」형을 만드는 방법에 대해 알아봐요.

걸리버가 하늘을 나는 섬 사람들이 현재 진행형에 대해 복잡하게 말한다며 그냥 간다는데 난 알고 싶다고! 현재 진행형이라는 게 뭐야?

07 현재 진행형

① 지금 이 순간을 말하는 현재 진행형

- 지금 하고 있는 행동을 말할 때 현재 진행형을 써요. '~하고 있다, ~하는 중이다'라는 의미로 「be동사(am/are/is)+동사원형-ing」로 나타내요.

I am jumping.	나는 점프하고 있다.
You are jumping.	너는 점프하고 있다.
She is jumping.	그녀는 점프하고 있다.
They are jumping.	그들은 점프하고 있다.
Mary is jumping.	메리는 점프하고 있다.
The dogs are jumping.	그 개들은 점프하고 있다.

단수			복수		
I	am		We	are	
You	are	동사원형-ing ~.	You	are	동사원형-ing ~.
He/She/It	is		They	are	
단수명사	is		복수명사	are	

- 「주어+be동사」는 줄여 쓸 수 있어요.

I'm walking.	나는 걷고 있다.	We're walking.	우리는 걷고 있다.
You're walking.	너는 걷고 있다.	He's walking.	그는 걷고 있다.
It's walking.	그것은 걷고 있다.	They're walking.	그들은 걷고 있다.

Check Up 다음 중 현재 진행형 문장을 찾아 체크표 하세요. 정답 및 해설 17쪽 ⭐

1 I am reading a book. ☐　　2 He teaches English. ☐

　I read a book. ☐　　　　　He is teaching English. ☐

3 We are studying hard. ☐　4 They go to school. ☐

　We study hard. ☐　　　　　They are going to school. ☐

2 동사원형에 -ing를 붙여 볼까?

동사의 형태에 따라 -ing를 붙이는 방법들이 조금씩 달라요.

- 대부분의 동사는 동사원형 뒤에 -ing를 붙여요.

  sleep 잠자다 – sleeping   do 하다 – doing   eat 먹다 – eating

  She is **reading.**   그녀는 책을 읽고 있다.

- -e로 끝나는 동사는 -e를 없애고 -ing만 붙여요.

  make 만들다 – making   ride 타다 – riding   drive 운전하다 – driving

  She **is coming.**   그녀는 오고 있다.

- 「단모음+자음」으로 끝나는 동사는 마지막 자음을 한 번 더 쓰고 -ing를 붙여요.

  stop 멈추다 – stopping   cut 자르다 – cutting

  sit 앉다 – sitting   swim 수영하다 – swimming

  She **is running.**   그녀는 달리고 있다.

- -ie로 끝나는 동사는 -ie를 -y로 바꾸고 -ing를 붙여요.

  lie 거짓말하다 – lying   tie 묶다 – tying   die 죽다 – dying

  She **is lying.**   그녀는 거짓말하고 있다.

Check Up 다음 동사와 「동사원형-ing」형의 짝이 바르면 O, 그렇지 <u>않으면</u> X를 쓰세요.   정답 및 해설 17쪽

1 cut – cutting   (   )   2 die – dieing   (   )

3 eat – eating   (   )   4 drive – driving   (   )

5 do – doing   (   )   6 make – makeing   (   )

7 stop – stopping   (   )   8 tie – tying   (   )

★ Grammar Walk! . . . .

★**A** 다음 문장의 뜻을 생각하며 따라 써 보세요.

1 I'm walking .

2 You're jumping .

3 She's running .

4 They're flying .

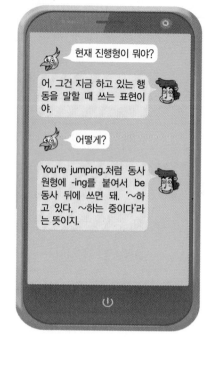

현재 진행형이 뭐야?

어, 그건 지금 하고 있는 행동을 말할 때 쓰는 표현이야.

어떻게?

You're jumping.처럼 동사 원형에 -ing를 붙여서 be동사 뒤에 쓰면 돼. '~하고 있다, ~하는 중이다'라는 뜻이지.

5 Sam is going to school.

6 Sally is coming home.

7 My brother is reading a story.

8 My dad is writing a story.

9 The girls are studying math.

10 Jessica is teaching math.

Sam is going to school.

• walk 걷다   • come 오다   • home 집에, 집으로   • story 이야기   • math 수학

B 다음 동사의 뜻을 생각하며 따라 써 보세요.

1
sleep   sleeping

2
eat   eating

3
make   making

4
ride   riding

5
swim   swimming

6
cut   cutting

7
listen   listening

8
open   opening

9
tie   tying

10
die   dying

· ride 타다[몰다]   · listen 듣다, 귀 기울이다   · open 열다   · tie 묶다   · die 죽다

Grammar Run! ....

A 다음 문장에서 현재 진행형을 찾아 동그라미 하세요.

1 I (am washing) my hands.

현재 진행형은
「be동사(am/are/is)+동사
원형-ing」라고 했으니까 be
동사와 「동사원형-ing」에
동그라미 하면 되겠다!

2 We are jumping rope.

3 You are eating pizza.

4 He is cooking now.

5 She is going to the park.

6 Edison is tying his shoes.

7 He is reading a comic book.

8 My mom and I are making cookies.

9 They are listening to music.

10 My brothers are sitting on the bench.

He is reading a comic book.

· wash 씻다   · jump rope 줄넘기를 하다   · cook 요리하다   · comic book 만화책   · music 음악

B 다음을 알맞게 연결한 후, 「동사원형-ing」형을 따라 써 보세요.

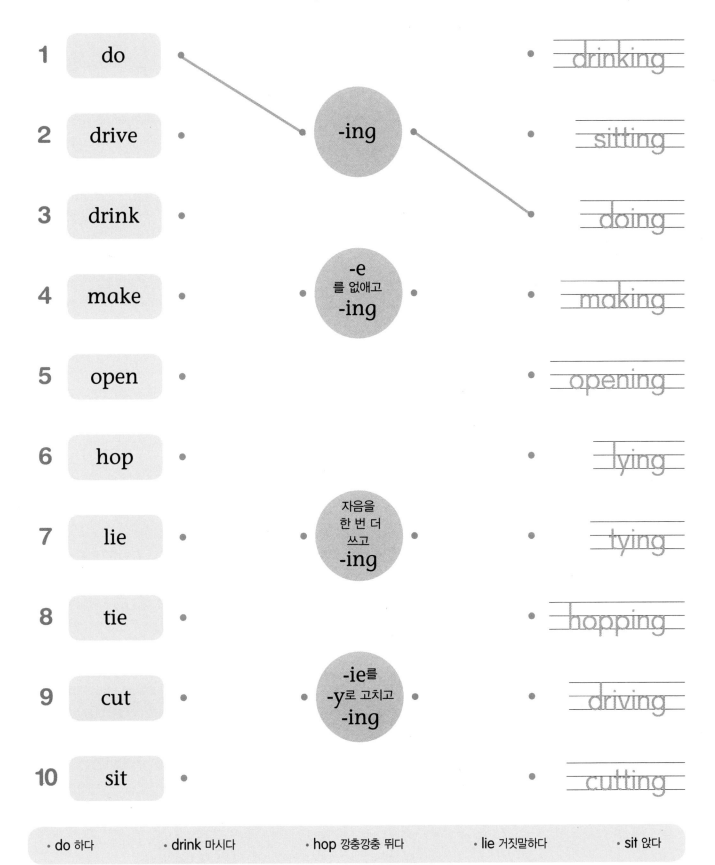

1 do		drinking
2 drive	-ing	sitting
3 drink		doing
4 make	-e 를 없애고 -ing	making
5 open		opening
6 hop		lying
7 lie	자음을 한 번 더 쓰고 -ing	tying
8 tie		hopping
9 cut	-ie를 -y로 고치고 -ing	driving
10 sit		cutting

• do 하다   • drink 마시다   • hop 깡충깡충 뛰다   • lie 거짓말하다   • sit 앉다

Grammar Jump!

A 다음 동사의 알맞은 「동사원형-ing」형을 골라 동그라미 하세요.

1
come
(coming)
comeing

2
cry
criing
crying

3
sit
siting
sitting

4
sing
singing
singging

5
eat
eating
eatting

6
run
runing
running

7
close
closeing
closing

8
open
opening
openning

9
drive
driving
driveing

10
tie
tieing
tying

• cry 울다　　• eat 먹다　　• run 달리다　　• close 닫다　　• drive 운전하다

B 다음 괄호 안에서 알맞은 말을 골라 동그라미 하세요.

1 I am (play / (playing)) baseball.

2 She is (draw / drawing).

3 He is (do / doing) his homework.

4 We are (ride / riding) a bike.

5 They are (lie / lying).

6 My sister is (open / opening) the window.

7 His mom is (cut / cutting) the cake.

8 Your father is (drive / driving) a car.

9 The boys are (drink / drinking) juice.

10 Some kangaroos are (hop / hopping).

His mom is cutting the cake.

· draw 그리다   · do one's homework 숙제를 하다   · open 열다   · window 창문   · cake 케이크

Grammar Fly! · · · · · · · · · · · · · · ·

★A 다음 동사의 알맞은 「동사원형-ing」형을 빈칸에 쓰세요.

1 run · · · running

2 listen · · ·

3 sleep · · ·

4 try · · ·

5 do · · ·

6 die · · ·

7 drive · · ·

8 cut · · ·

9 make · · ·

10 ride · · ·

11 cry · · ·

12 close · · ·

13 sit · · ·

14 tie · · ·

15 eat · · ·

16 swim · · ·

17 open · · ·

18 lie · · ·

19 stop · · ·

20 sing · · ·

• sleep 잠자다   • try 시도하다   • make 만들다   • stop 멈추다   • sing 노래하다

B 다음 주어진 동사를 사용하여 문장을 완성하세요.

1   I ___am___ ___listening___ to music. (listen)
    나는 음악을 듣고 있다.

모두 지금 하고 있는
행동이니까 현재 진행형
「be동사+동사원형-ing」
로 쓰면 되겠군!

2   You _____ _____ the box. (open)
    너는 그 상자를 열고 있다.

3   She _____ _____ her homework. (do)
    그녀는 숙제를 하고 있다.

4   They _____ _____ a snowman. (make)
    그들은 눈사람을 만들고 있다.

5   We _____ _____ on the sofa. (sit)
    우리는 소파 위에 앉아 있다.

6   He _____ _____ a horse. (ride)
    그는 말을 타고 있다.

7   Judy _____ _____ . (lie)
    주디는 거짓말을 하고 있다.

They are making a snowman.

8   My uncle _____ _____ a necktie. (tie)
    우리 삼촌은 넥타이를 매고 있다.

9   His sisters _____ _____ in the pool. (swim)
    그의 여동생들은 수영장에서 수영을 하고 있다.

10 The cooks _____ _____ the cake. (eat)
    그 요리사들은 케이크를 먹고 있다.

• snowman 눈사람   • sofa 소파   • horse 말   • necktie 넥타이   • in the pool 수영장에서

QUIZ

1 만화를 보면서 현재 진행형의 긍정문에 대해 복습해 봐요.

2 다음 표의 빈칸에 알맞은 말을 쓰세요.

종류	단수/복수	주어	be동사	동사원형-ing
현재 진행형	단수	I	1 __am__	동사원형-ing ~.
		You	2 _____	
		He / She / It / 단수명사	3 _____	
	복수	We	4 _____	
		You	5 _____	
		They / 복수명사	6 _____	

3 만화를 보면서 「동사원형-ing」형을 만드는 방법에 대해 복습해 봐요.

4 다음 표의 빈칸에 알맞은 말을 쓰세요.

종류	형태	예
대부분의 동사	동사원형-ing	do – doing sleep – 1 _sleeping_
「단모음+단자음」으로 끝나는 동사	마지막 자음을 한 번 더 쓰고 -ing	stop – 2 _____ cut – 3 _____
-e로 끝나는 동사	-e를 빼고 -ing	make – 4 _____ ride – 5 _____
-ie로 끝나는 동사	-ie를 -y로 바꾸고 -ing	lie – 6 _____ die – 7 _____

현재 진행형의 부정문과 의문문

- 현재 진행형 부정문을 만드는 방법과 그 의미에 대해 알아봐요.
- 현재 진행형 의문문을 만드는 방법과 그 대답에 대해 알아봐요.

부정문은 '~하지 않다', '~가 아니다'라고 말하는 문장이지. 문장에 be동사가 있을 때 부정문은 be동사 뒤에 not을 붙여 주면 되는데, 그럼 걸리버가 만든 문장은 맞는 문장일까?

현재 진행형의 부정문과 의문문

❶ 하고 있는 중이 아닐 땐 현재 진행형의 부정문

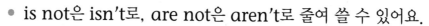

- '~하고 있지 않다, ~하는 중이 아니다'라는 의미로 「be동사+not+동사원형-ing」를 써요.

I **am not** sleeping.	나는 자고 있지 않다.
You **are not** sleeping.	너는 자고 있지 않다.
He **is not** sleeping.	그는 자고 있지 않다.
They **are not** sleeping.	그들은 자고 있지 않다.
Daisy **is not** sleeping.	데이지는 자고 있지 않다.
The babies **are not** sleeping.	그 아기들은 자고 있지 않다.

- is not은 isn't로, are not은 aren't로 줄여 쓸 수 있어요.

You **aren't** swimming.	너는 수영을 하고 있지 않다.
She **isn't** swimming.	그녀는 수영을 하고 있지 않다.
Dave **isn't** swimming.	데이브는 수영을 하고 있지 않다.

단수			복수		
I	am not		We	are not (= aren't)	
You	are not (= aren't)	동사원형-ing ~.	You	are not (= aren't)	동사원형-ing ~.
He / She / It	is not (= isn't)		They	are not (= aren't)	
단수명사	is not (= isn't)		복수명사	are not (= aren't)	

Check Up 다음 문장의 알맞은 우리말 뜻을 찾아 선으로 연결하세요. 정답 및 해설 19쪽 ⭐

1 He is dancing. ·   · ⓐ 그는 춤을 추고 있지 않다.

2 He is not dancing. ·   · ⓑ 그는 춤을 추고 있다.

3 You aren't singing. ·   · ⓒ 너는 노래를 부르고 있지 않다.

4 You are singing. ·   · ⓓ 너는 노래를 부르고 있다.

❷ 하고 있는지 물어볼 땐 현재 진행형의 의문문

주어와 be동사의 위치를 바꾸고 끝에 물음표(?)를 붙여서 「be동사+주어+동사원형-ing ~?」가 되면 '~하고 있니?, ~하고 있는 중이니?'라는 뜻이 돼요.

Are you playing soccer?	너는 축구를 하고 있니?
Is she playing soccer?	그녀는 축구를 하고 있니?
Are they playing soccer?	그들은 축구를 하고 있니?
Is Bill playing soccer?	빌은 축구를 하고 있니?
Are the birds flying?	그 새들은 날고 있니?

❸ 현재 진행형의 의문문에 대답하기

be동사가 있는 의문문의 대답처럼 am, are, is를 사용하여 yes 또는 no로 대답해요. 대답할 때는 의문문의 주어를 잘 보고 알맞은 대명사로 대답해야 해요.

● 긍정: Yes, 대명사+be동사.   ● 부정: No, 대명사+be동사+not.

Is she playing soccer?
그녀는 축구를 하고 있니?

Yes, she is. / No, she isn't.
응, 그래.   아니, 그렇지 않아.

Is Bill playing soccer?
빌은 축구를 하고 있니?

Yes, he is. / No, he isn't.
응, 그래.   아니, 그렇지 않아.

Are they playing soccer?
그들은 축구를 하고 있니?

Yes, they are. / No, they aren't.
응, 그래.   아니, 그렇지 않아.

Check Up   다음 문장의 의미를 구별하여 알맞게 선으로 연결하세요.   정답 및 해설 19쪽

1 Are they crying?   •

2 He is running.   •

3 She is reading a book.   •

4 Are you cooking?   •

• ⓐ '~하고 있다'라고
설명하는 문장

• ⓑ '~하고 있니?'라고
물어보는 문장

Grammar Walk! . . . .

★A   다음 문장의 뜻을 생각하며 따라 써 보세요.

현재 진행형의 부정문은 어떻게 만들어?

be동사와 「동사원형-ing」 사이에 not을 넣으면 돼.

그럼 '~하고 있지 않다', '~하는 중이 아니다'라는 뜻이 되는 것 맞지?

응. 그리고 is not은 isn't로, are not은 aren't로 줄여 쓸 수 있어.

1   I ___am not swimming___ .

2   You ___are not jumping___ rope.

3   You ___are not studying___ hard.

4   We ___are not listening___ to music.

5   They ___are not playing___ the piano.

6   She ___isn't reading___ a book.

7   He ___isn't dancing___ .

8   It ___isn't sleeping___ .

9   Dad ___isn't opening___ the box.

10   Lucy and Paul ___aren't baking___ a cake.

• jump rope 줄넘기를 하다   • hard 열심히   • music 음악   • piano 피아노   • bake 굽다

B 다음 대화의 뜻을 생각하며 따라 써 보세요.

1 **A:** Are you sleeping?　　**B:** No, I'm not.

2 **A:** Is she jumping?　　**B:** Yes, she is.

3 **A:** Is he going?　　**B:** No, he isn't.

4 **A:** Are you eating?　　**B:** No, we aren't.

5 **A:** Are they flying?　　**B:** Yes, they are.

6 **A:** Are you coming?　　**B:** Yes, I am.

7 **A:** Is she lying?　　**B:** No, she isn't.

8 **A:** Are you crying?　　**B:** Yes, we are.

9 **A:** Are the boys reading?　　**B:** No, they aren't.

10 **A:** Is Tim smiling?　　**B:** Yes, he is.

· sleep 잠자다　　· come 오다　　· lie 거짓말하다　　· cry 울다　　· smile 미소 짓다

Grammar Run!..................

★A 다음 문장에서 현재 진행형의 부정형을 찾아 동그라미 하세요.

1 I (am not reading) a comic book.

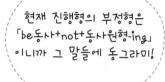

현재 진행형의 부정형은
「be동사+not+동사원형-ing」
이니까 그 말들에 동그라미!

2 You are not counting.

3 He is not playing basketball.

4 She is not sleeping on the bed.

5 We are not dancing.

6 He isn't skating.

7 They aren't making pizza.

8 It isn't hopping.

9 They aren't riding a bike.

10 She isn't cutting the watermelon.

He isn't skating.

| • count 세다 | • basketball 농구 | • bed 침대 | • skate 스케이트를 타다 |

B 다음 괄호 안에서 알맞은 말을 골라 동그라미 하세요.

1 A: Are you eating pie?　　　　　B: (Yes / No), I'm not.

2 A: Is she playing the game?　　　B: (Yes / No), she is.

3 A: Is he cutting the onion?　　　B: (Yes / No), he isn't.

4 A: Is it jumping?　　　　　　　B: (Yes / No), it is.

5 A: Are they making sandwiches?　B: (Yes / No), they aren't.

6 A: Are they flying?　　　　　　B: Yes, (you / they) are.

7 A: Are you going to the pool?　　B: Yes, (we / you) are.

8 A: Is he lying?　　　　　　　　B: No, (she / he) isn't.

9 A: Is she catching the ball?　　　B: Yes, (she / they) is.

10 A: Is Jane drawing a frog?　　　B: No, (she / it) isn't.

・game 게임, 경기　　・sandwich 샌드위치　　・catch 잡다　　・draw 그리다　　・frog 개구리

Grammar Jump!

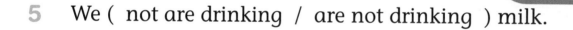

★A 다음 괄호 안에서 알맞은 말을 골라 동그라미 하세요.

1   I (am not making / not am making) a snowman.

2   You (not are walking / are not walking).

3   She (is not skiing / not is skiing).

4   It (is not swimming / not is swimming).

> 현재 진행형의 부정문은 「be동사+not+동사원형 -ing」라는 것은 알겠는데…
>
> 그런데?
>
> be동사를 뭘 써야 하지?
>
> 주어가 I이면 am, you나 we, they이면 are를 쓰고, he, she, it이면 is를 쓰면 돼.
>
> 아, 그렇구나!

5   We (not are drinking / are not drinking) milk.

6   You (isn't running / aren't running) fast.

7   They (aren't pushing / isn't pushing) the door.

8   He (isn't cleaning / aren't cleaning) the room.

9   Mom and Dad (isn't playing / aren't playing) badminton.

10   (I'm not riding / I amn't riding) a horse.

· ski 스키를 타다   · push 밀다   · door 문   · badminton 배드민턴   · horse 말

B 다음 괄호 안에서 알맞은 말을 골라 동그라미 하세요.

1 A: ((Are you playing) / Is he playing) soccer?
   B: Yes, I am.

2 A: (Is he driving / Is she driving) a car carefully?
   B: No, she isn't.

3 A: (Is he reading / Are they reading) a book?
   B: Yes, he is.

4 A: (Is it running / Is she running) fast?
   B: No, it isn't.

5 A: (Are they / Are you) watching TV?
   B: Yes, we are.

6 A: Are they listening to music?
   B: Yes, (they are / they do).

7 A: Are you coming home?
   B: No, (I'm not / I don't).

8 A: Is he going to church?
   B: No, (he doesn't / he isn't).

9 A: Is the cow eating?
   B: Yes, (it is / it does).

10 A: Are Jack and Susan smiling happily?
   B: No, (you don't / they aren't).

현재 진행형의 의문문은 be동사를 주어 앞으로 보내서 만들고, 대답은 yes 또는 no, 그리고 be동사를 이용해서 해.

· carefully 주의 깊게   · watch 보다, 지켜보다   · TV 텔레비전   · come 오다   · church 교회

Grammar Fly! • • • • • • • • • • • • • • • •

★A 다음 문장을 부정문으로 바꿔 쓸 때, 빈칸에 알맞은 말을 쓰세요.

1 I am walking. ➡ I ___am___ ___not___ ___walking___.

2 You are swimming. ➡ You _____ _____ _____.

3 She is flying a kite. ➡ She _____ _____ _____ a kite.

4 He is wearing the shirt.

➡ He _____ _____ _____ the shirt.

5 They are going to school.

➡ They _____ _____ _____ to school.

6 It is eating the leaves. ➡ It ___isn't___ ___eating___ the leaves.

7 They are jumping rope. ➡ They _____ _____ rope.

8 He is reading the newspaper.

➡ He _____ _____ the newspaper.

9 My cats are sleeping. ➡ My cats _____ _____.

10 Sue and I are sitting on the bench.

➡ Sue and I _____ _____ on the bench.

· walk 걷다   · kite 연   · wear 입고 있다   · leaf 나뭇잎   · newspaper 신문

B 다음 문장을 의문문으로 바꿔 쓸 때, 빈칸에 알맞은 말을 쓰세요.

1 You are working in the garden.
➡ ___Are___ ___you___ ___working___ in the garden?

2 She is drinking water. ➡ _____ _____ _____ water?

3 He is making sandwiches.
➡ _____ _____ _____ sandwiches?

4 They are meeting their friends.
➡ _____ _____ _____ their friends?

5 It is sleeping in the basket.
➡ _____ _____ _____ in the basket?

6 You are washing the dishes.
➡ _____ _____ _____ the dishes?

7 Nancy is doing her homework.
➡ _____ _____ _____ her homework?

8 Siwon is helping his mother.
➡ _____ _____ _____ his mother?

9 The fish is swimming in the river.
➡ _____ _____ _____ in the river?

10 The girls are counting carrots.
➡ _____ _____ _____ carrots?

· **work** 일하다　　　· **garden** 정원　　　· **drink** 마시다　　　· **meet** 만나다　　　· **river** 강

1 만화를 보면서 현재 진행형의 부정문에 대해 복습해 봐요.

2 다음 표의 빈칸에 알맞은 말을 쓰세요.

종류	단수/복수	주어	be동사+not	동사원형-ing
현재 진행형의 부정문	단수	I	1 ___am not___	동사원형-ing ~.
		You	2 _____ (=aren't)	
		He/She/It/단수명사	3 _____ (=isn't)	
	복수	We	4 _____ (=aren't)	
		You	5 _____ (=aren't)	
		They/복수명사	6 _____ (=aren't)	

3 만화를 보면서 현재 진행형의 의문문에 대해 복습해 봐요.

4 다음 표의 빈칸에 알맞은 말을 쓰세요.

현재 진행형의 의문문			대답(긍정/부정)
be동사	주어	동사원형-ing	
Am	I		· 1 ___Yes___ , you are. · No, you aren't.
2 _____	you	동사원형-ing ~?	· Yes, 3 _____ am. · No, I'm not.
4 _____	he/she/it/ 단수명사		· 5 _____ , he[she/it] is. · No, he[she/it] 6 _____ .
Are	you/we/they/ 복수명사		· Yes, we[you/they] 7 _____ . · 8 _____ , we[you/they] aren't.

★REVIEW · 04

[1-2] 동사와 「동사원형-ing」형이 바르게 짝지어진 것을 고르세요.

1 ❶ do – doeing　　　❷ make – making　　　❸ cut – cuting

2 ❶ tie – tieing　　　❷ open – openning　　　❸ sit – sitting

[3-5] 다음 우리말 뜻과 같도록 빈칸에 알맞은 말을 고르세요.

3
그들은 학교에 가고 있다.
➡ They _____ to school.

❶ go　　　　　❷ goes　　　　　❸ are going

4
내 여동생은 피아노를 치고 있다.
➡ My sister _____ the piano.

❶ plays　　　　❷ is playing　　　❸ is play

5
메리는 만화책을 읽고 있다.
➡ Mary _____ a comic book.

❶ is reading　　　❷ is read　　　❸ reads

[6-7] 다음 문장의 빈칸에 알맞은 말을 고르세요.

6 He's _____ a bike.

❶ rideing   ❷ riding   ❸ rides

7 The dogs are _____ on the bench.

❶ sleeping   ❷ sleepping   ❸ sleep

[8-9] 다음 중 올바른 문장을 고르세요.

8 ❶ She is drawing.

❷ We are writeing stories.

❸ The boys is drinking juice.

9 ❶ She is smileing happily.

❷ I am listening to music.

❸ Judy is lying.

[10-11] 다음 중 잘못된 문장을 고르세요.

10 ❶ Chanho isn't playing baseball.

❷ We aren't making a snowman.

❸ You don't sitting on the sofa.

11 ❶ Is you catching the ball?

❷ Are you playing a computer game?

❸ Is he cutting the onion?

[12-14] 다음 대화의 빈칸에 알맞은 말을 고르세요.

12

A: _____ driving a car?

B: Yes, I am.

❶ Are you   ❷ Do you   ❸ Does you

13

A: _____ playing the piano?

B: No, he isn't.

❶ Are you   ❷ Is he   ❸ Does he

14

A: Is your grandma cooking?

B: No, _____.

❶ she does   ❷ she is   ❸ she isn't

15 다음 중 짝지어진 대화가 <u>어색한</u> 것을 고르세요.

❶ A: Are your sisters eating pizza?
   B: Yes, she is.

❷ A: Is he watching TV?
   B: No, he isn't.

❸ A: Are the cows eating?
   B: Yes, they are.

[16-20] 다음 우리말 뜻과 같도록 주어진 동사를 사용하여 문장을 완성하세요.

16 그들은 음악을 듣고 있지 않다.

➡ They're _____ _____ to music. (listen)

17 그녀가 집으로 오고 있다.

➡ She's _____ home. (come)

18 베토벤은 노래를 부르고 있지 않다.

➡ Beethoven _____ _____ _____. (sing)

19 마이크는 춤을 추고 있니?

➡ _____ Mike _____? (dance)

20 그 새들은 날고 있니?

➡ _____ the birds _____? (fly)

조동사 can

- can의 긍정문과 부정문을 만드는 방법에 대해 알아봐요.
- can의 의문문을 만드는 방법과 그 대답에 대해 알아봐요.

걸리버가 can과 can't를 사용해서 할 수 있는 것과 할 수 없는 것을 제대로 말한 것 같은 데 뭐가 잘못된 거지? 그리고 조동사라는 건 대체 뭐야?

조동사 can

❶ 할 수 있다고 말할 땐 조동사 can

can+동사원형: can은 '~할 수 있다'는 뜻으로, can 뒤에는 주어가 3인칭 단수여도 동사원형이 와요.

I **can** swim.	나는 수영을 할 수 있다.
He **can** swim.	그는 수영을 할 수 있다.
They **can** swim.	그들은 수영을 할 수 있다
Mom **can** swim.	엄마는 수영을 할 수 있다.
Children **can** swim.	아이들은 수영을 할 수 있다.

❷ 할 수 없다고 말할 땐 can 뒤에 not

can 뒤에 not을 붙여 「cannot+동사원형」이 되면 '~할 수 없다'는 의미가 돼요. 이때 can과 not은 붙여 써요. cannot은 can't로 줄여 쓸 수 있어요.

I **cannot** ride a bike.	나는 자전거를 못 탄다.
You **cannot** ride a bike.	너는 자전거를 못 탄다.
She **cannot** ride a bike.	그녀는 자전거를 못 탄다.
They **cannot** ride a bike.	그들은 자전거를 못 탄다.
Dan **cannot** ride a bike.	댄은 자전거를 못 탄다.

Check Up 다음 밑줄 친 부분의 우리말 뜻을 골라 동그라미 하세요. 정답 및 해설 22쪽

1 They <u>can</u> drive. (~할 수 있다 / ~할 수 없다)

2 They <u>cannot</u> drive. (~할 수 있다 / ~할 수 없다)

3 She <u>can</u> play tennis. (~할 수 있다 / ~할 수 없다)

4 She <u>can't</u> play tennis. (~할 수 있다 / ~할 수 없다)

❸ 할 수 있는지 물어볼 땐 can을 앞으로

주어와 can의 위치를 바꾸고 끝에 물음표(?)를 붙여서 「Can+주어+동사원형 ~?」이 되면 '~할 수 있니?'라는 의미를 나타내요.

Can you speak English?
너는 영어를 말할 수 있니?

Can he speak English?
그는 영어를 말할 수 있니?

Can it fly?
그것은 날 수 있니?

Can they speak English?
그들은 영어를 말할 수 있니?

Can monkeys fly?
원숭이가 날 수 있니?

❹ can으로 시작하여 물어보는 말에 대답하기

다른 의문문과 마찬가지로 긍정일 때는 yes로, 부정일 때는 no로 대답해요. 그 뒤에 알맞은 대명사와 함께 can 또는 can't를 써요.

- 긍정: Yes, 대명사 + can.

  Can he dance?
  그는 춤을 출 수 있니?

  Can you dance?
  너는 춤을 출 수 있니?

- 부정: No, 대명사+can't.

  Yes, he can. / No, he can't.
  응, 할 수 있어.　　아니, 못해.

  Yes, I can. / No, I can't.
  응, 할 수 있어.　　아니, 못해.

Check Up 다음 중 물어보는 문장을 찾아 동그라미 하세요.　　　　　정답 및 해설 22쪽

Can you do it?　　　　I can do it.　　　　Can he play baseball?

He can play baseball.　　They can write.　　Can they write?

Grammar Walk! . . . .

★A 다음 문장의 뜻을 생각하며 따라 써 보세요.

1 I ___can play___ the piano.

2 You ___can walk___ very fast.

3 He ___can fix___ the car.

4 It ___can run___ fast.

5 We ___can skate___ well.

6 A duck ___cannot fly___ .

7 We ___cannot read___ English.

8 Britney ___cannot ski___ .

9 Jack ___can't jump___ rope.

10 My friends ___can't climb___ the mountain.

'~할 수 있다'라고 할 땐 어떻게 써야 해?

그건 can 뒤에 동사원형을 쓰면 돼.

아하, 그렇구나!

그리고 '~할 수 없다'라고 말할 땐 cannot 또는 can't 를 쓰면 되고.

cannot과 can't 뒤에도 동사원형이 오지?

맞아.

Britney cannot ski.

B 다음 대화의 뜻을 생각하며 따라 써 보세요.

1 A: ~~Can you~~ play golf?   B: Yes, I can.

2 A: ~~Can she~~ drive a car?   B: No, she can't.

3 A: ~~Can he~~ kick the ball?   B: Yes, he can.

4 A: ~~Can they~~ jump?   B: No, they can't.

5 A: ~~Can it~~ climb the tree?   B: Yes, it can.

6 A: Can he count?   B: ~~No, he can't.~~

7 A: Can they write?   B: ~~Yes, they can.~~

8 A: Can Tom make gimbap?   B: ~~Yes, he can.~~

9 A: Can your sister dive?   B: ~~No, she can't.~~

10 A: Can the kids play chess?   B: ~~No, they can't.~~

• golf 골프   • kick 차다   • dive 뛰어들다, 다이빙하다   • kid 아이   • play chess 체스를 두다

Grammar Run! ·

★A 다음 문장에서 can과 cannot 또는 can't를 찾아 동그라미 하세요.

1 I (can) skate well.

can은 '~할 수 있다', cannot은 '~할 수 없다', 그리고 can't는 cannot의 줄임말이야!

2 You can throw a ball.

3 He can make pizza.

4 She can fly the kite.

5 We can answer the questions.

6 My mom cannot drive a truck.

7 Snakes cannot hear.

8 They cannot play baseball.

9 My brother can't do taekwondo.

10 Chris and Brian can't sing well.

She can fly the kite.

· **throw** 던지다　　· **answer** 대답하다　　· **question** 질문　　· **truck** 트럭　　· **hear** 듣다, 들리다

B 다음 괄호 안에서 알맞은 말을 골라 동그라미 하세요.

1 A: Can you make a snowman? B: (Yes / (No)), I can't.

2 A: Can she play the cello? B: (Yes / No), she can.

3 A: Can he speak Japanese? B: (Yes / No), he can't.

4 A: Can it fly? B: (Yes / No), it can.

5 A: Can they ride a horse? B: (Yes / No), they can't.

6 A: Can they swim? B: Yes, they (can / can't).

7 A: Can you ski? B: No, we (can / can't).

8 A: Can Bob ride a bike? B: No, he (can / can't).

9 A: Can your mom sing well? B: Yes, she (can / can't).

10 A: Can the farmers dance well? B: Yes, they (can / can't).

· snowman 눈사람   · cello 첼로   · Japanese 일본어   · ride a bike 자전거를 타다   · farmer 농부

Grammar Jump!

A 다음 괄호 안에서 알맞은 말을 골라 동그라미 하세요.

1 I can (**make** / makes) sandwiches.

can과 cannot 또는 can't 뒤에는 동사원형이 온다는 것, 기억해 둬!

2 You can (play / plays) the violin.

3 She can (fix / fixes) computers.

4 It can (swims / swim) well.

5 We can (wash / washes) the dishes.

6 You cannot (jump / jumping) rope.

7 They cannot (playing / play) the flute.

8 My dad cannot (singing / sing) well.

9 The cook can't (drive / driving) a car.

10 Penguins can't (flying / fly).

We can wash the dishes.

• sandwich 샌드위치　　• violin 바이올린　　• fix 고치다　　• flute 플루트　　• penguin 펭귄

144 Unit 09

B 다음 괄호 안에서 알맞은 말을 골라 동그라미 하세요.

1 A: (Can you / Are you) play soccer? B: Yes, I can.

2 A: (Is she / Can she) make cookies? B: No, she can't.

3 A: (Can he / Is he) read Japanese? B: Yes, he can.

4 A: (Can it / Is it) fly high? B: No, it can't.

5 A: (Can the monkeys / Are the monkeys) draw a picture?
   B: Yes, they can.

6 A: Can they (speaks / speak) English? B: Yes, they can.

7 A: Can you (plays / play) badminton? B: No, I can't.

8 A: Can Sally (sing / sings) the song? B: No, she can't.

9 A: Can the fish (swims / swim) fast? B: Yes, it can.

10 A: Can the girls (dance / dances) well? B: No, they can't.

• cookie 쿠키, 과자   • fly 날다   • high 높이   • draw 그리다   • picture 그림

Grammar Fly! •

★A 다음 우리말 뜻과 같도록 주어진 말을 사용하여 문장을 완성하세요.

1 I ____can____ ____write____ a letter. (write)
나는 편지를 쓸 수 있다.

2 You _____ _____ computer games well. (play)
너는 컴퓨터 게임을 잘할 수 있다.

3 She _____ _____ the box. (carry)
그녀는 그 상자를 나를 수 있다.

> '~할 수 있다'는 can,
> '~할 수 없다'는 cannot
> 또는 can't! 그리고
> 그 뒤에는 동사원형을
> 쓰면 되겠군.

4 He _____ _____ the books. (read)
그는 그 책들을 읽을 수 있다.

5 We _____ _____ the balls. (catch)
우리는 그 공들을 잡을 수 있다.

6 It _____ _____ high. (jump)
그것은 높이 점프하지 못한다.

7 They _____ _____ fast. (run)
그들은 빨리 달리지 못한다.

8 Yeonjae _____ _____ spaghetti. (make)
연재는 스파게티를 만들지 못한다.

9 An iguana _____ _____. (fly)
이구아나는 날지 못한다.

An iguana can't fly.

10 Kangaroos _____ _____. (swim)
캥거루는 헤엄치지 못한다.

· **letter** 편지　　· **carry** 나르다, 운반하다　　· **catch** 잡다[받다]　　· **spaghetti** 스파게티　　· **kangaroo** 캥거루

B 다음 문장을 부정문과 의문문으로 바꿔 쓸 때, 빈칸에 알맞은 말을 쓰세요.

1 You can draw a goat.

➤ You ___cannot[can't]___ ___draw___ a goat.

2 She can answer the question.

➤ She _____ _____ the question.

3 He can play the cello. ➤ He _____ _____ the cello.

4 They can swim well. ➤ They _____ _____ well.

5 It can run fast. ➤ It _____ _____ fast.

6 You can play volleyball.

➤ ___Can___ ___you___ ___play___ volleyball?

7 Rebecca can drive a fire engine.

➤ _____ _____ _____ a fire engine?

8 Your brother can lift the box.

➤ _____ _____ _____ _____ the box?

9 The zebras can fly.

➤ _____ _____ _____ ?

10 They can make gimchi.

➤ _____ _____ _____ gimchi?

· goat 염소   · volleyball 배구   · fire engine 소방차   · lift 들어 올리다   · zebra 얼룩말

1 만화를 보면서 can의 긍정문과 부정문에 대해 복습해 봐요.

2 다음 표의 빈칸에 알맞은 말을 쓰세요.

종류	주어	동사	
can 긍정문 (~할 수 있다)	I	1_____	동사원형 ~.
	You/We/They/복수명사	can	2_____ ~.
	He/She/It/단수명사	3_____	동사원형 ~.
can 부정문 (~할 수 없다)	I	cannot (=4_____)	5_____ ~.
	You/We/They/복수명사	6_____ (=can't)	동사원형 ~.
	He/She/It/단수명사	cannot (=7_____)	동사원형 ~.

3 만화를 보면서 can의 의문문과 그 대답에 대해 복습해 봐요.

4 다음 표의 빈칸에 알맞은 말을 쓰세요.

can 의문문 (~할 수 있니?)			대답(응, 할 수 있어. / 아니, 못해.)
Can	I	동사원형 ~?	· Yes, you can. · No, 1 _____ can't.
	you/we/they/ 복수명사		· 2 _____, I[we/you/they] can. · No, I[we/you/they] 3 _____.
	he/she/it/단수명사		· Yes, he[she/it] 4 _____. · 5 _____, he[she/it] can't.

명령문

· 명령문이란 무엇이고, 명령문에는 어떤 것들이 있는지 알아봐요.
· Let's로 시작하는 제안하는 말과 그 대답에 대해 알아봐요.

Do와 Don't를 보고 화가 난 것 같더니 결국 나에게 Let's go home!이라니. 명령이고 제안이고 뭐가 어떻게 달라서 화가 난 거야? 아, 머리야!

명령문

❶ 명령문은 동사원형으로!

상대방에게 '~해라' 하고 지시하는 문장을 명령문이라고 해요.

- 상대방에게 지시하는 말이기 때문에 주어 you를 빼고 동사원형으로 시작하는 문장을 만들면 명령문이 돼요.

  <u>You</u> sit down. 너는 자리에 앉는다. ➡ **Sit down.** 자리에 앉아라.
  <u>You</u> open the door. 너는 문을 연다. ➡ **Open the door.** 문을 열어라.

- am, are, is의 경우 동사원형인 be로 시작하는 문장을 만들면 돼요.

  <u>You</u> are quiet. 너는 조용하다. ➡ **Be quiet.** 조용히 해라.
  <u>You</u> are a good boy. 너는 착한 남자아이다. ➡ **Be a good boy.** 착한 남자아이가 돼라.

- 명령문 앞이나 뒤에 please를 붙이면 상대방에게 좀 더 부드럽게 지시하거나 정중하게 부탁하는 뜻이 돼요. please를 명령문 뒤에 쓸 때는 앞에 쉼표(,)를 써야 해요.

  Please open your book. = **Open your book, please.**
  책을 펴세요.   책을 펴세요.

Check Up 평서문과 명령문을 구별하여 선으로 연결하세요.   정답 및 해설 25쪽

1 Run fast.   •

2 He runs fast.   •   • 평서문

3 Speak loudly.   •   • 명령문

4 They speak loudly. •

② '하지 마라'라고 말할 땐 부정 명령문

- '~해라'라는 말 앞에 don't를 써서 「Don't+동사원형 ~.」이 되면 '~하지 마라.' 하고 금지하는 의미의 부정 명령문이 돼요. don't는 do not을 줄여 쓴 말이에요.

  Open the door. 문을 열어라.
  Don't open the door. 문을 열지 마라.

- am, are, is의 경우 「Don't+be ~.」로 쓰면 돼요.

  Don't be late. 늦지 마라.
  Don't be shy. 부끄러워하지 마라.

③ '~하자'라고 제안할 땐 let's를 써 봐!

- 상대방에게 '~하자' 하고 제안하고 싶을 때는 「Let's+동사원형 ~.」으로 쓰면 돼요.

  Play baseball. 야구해라. ➡ **Let's play** baseball. 야구하자.
  Have lunch. 점심 식사를 해라. ➡ **Let's have** lunch. 점심 식사를 하자.

- 제안을 받아들일 때는 Yes! / OK! / Sure. / All right! 등으로 대답해요.

  Let's play tennis. 테니스 치자. **Yes!** 좋아!

Check Up 금지하는 말과 제안하는 말을 구별하여 선으로 연결하세요. 정답 및 해설 25쪽

1 Let's go. ·

2 Don't be sad. ·   · 금지하는 말

3 Let's play soccer. ·   · 제안하는 말

4 Don't open the box. ·

★A 다음 문장의 뜻을 생각하며 동사원형을 따라 써 보세요.

1 _Come_ in.

2 _Open_ your eyes.

> 어? 문장에 주어가 없네?
>
> 응. 주어인 you가 없는 명령문이야.
>
> 아하, 명령문에는 주어인 you를 생략하고 안 쓰는구나.
>
> 명령문은 상대방인 you에게 '~해라' 하고 지시하는 문장이니까 굳이 주어인 you를 쓸 필요가 없거든.

3 _Get_ up early.

4 _Go_ to bed early.

5 _Be_ careful.

6 _Be_ kind.

7 Please _speak_ slowly.

8 Please _pass_ me the ball.

> Be careful.

9 _Stand_ up, please.

10 _Sit_ down, please.

• come in 들어오다 • get up 일어나다 • go to bed 자다, 취침하다 • pass 건네주다 • stand up 서 있다

B 다음 문장의 뜻을 생각하며 「Don't+동사원형」을 따라 써 보세요.

1 <u>Don't cry</u> .

2 <u>Don't worry</u> .

3 <u>Don't speak</u> loudly.

4 <u>Don't be</u> sad.

5 <u>Don't be</u> silly.

am, are, is의
동사원형은 be라
는 거 주의해.

C 다음 대화의 뜻을 생각하며 따라 써 보세요.

1 A: <u>Let's go</u> swimming.　　B: <u>OK!</u>

2 A: <u>Let's make</u> sandwiches.　　B: <u>Yes!</u>

3 A: <u>Let's play</u> chess.　　B: <u>Sure.</u>

4 A: <u>Let's jump</u> rope.　　B: <u>All right.</u>

5 A: <u>Let's sing</u> together.　　B: <u>Sure.</u>

• cry 울다　• worry 걱정하다　• silly 어리석은　• go swimming 수영하러 가다　• jump rope 줄넘기를 하다

Grammar Run!

★**A** 다음 문장에서 동사원형을 찾아 동그라미 하세요.

1 (Be) happy.

2 Drink some milk.

3 Be nice to your brother.

4 Open the window.

5 Study hard.

6 Wake up, please.

7 Wash your face.

8 Do your homework.

9 Please listen to me.

10 Close the door, please.

- some 조금, 약간의   - nice 친절한, 다정한   - wake up 잠에서 깨다   - face 얼굴   - homework 숙제

B 다음 문장에서 「Don't+동사원형」을 찾아 동그라미 하세요.

1 (Don't move).

2 Don't eat the sweets.

3 Don't be lazy.

4 Don't chew gum in class.

5 Don't cry.

> Don't로 시작하는 부정 명령문과 Let's로 시작하는 제안하는 말은 모두 뒤에 동사원형이 온다는 점에 주의하며 동그라미 해 볼까?

C 다음 대화에서 「Let's+동사원형」을 찾아 동그라미 하세요.

1 A : (Let's go) hiking.　　　B : OK!

2 A : Let's take a taxi.　　　B : All right.

3 A : Let's fly the kites.　　　B : Yes.

4 A : Let's study English.　　　B : All right.

5 A : Let's go swimming.　　　B : Sure.

> Let's fly the kites.

| • move 움직이다 | • chew 씹다 | • gum 껌 | • go hiking 하이킹을 가다 | • take 타다 |

Grammar Jump!

1 ((Wash) / Washes) your hands.

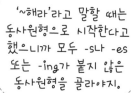

'~해라'라고 말할 때는 동사원형으로 시작한다고 했으니까 모두 -s나 -es 또는 -ing가 붙지 않은 동사원형을 골라야지.

2 (Catches / Catch) the ball.

3 (Clean / Cleans) your room.

4 (Be / Am) a good boy.

5 (Listens / Listen) to your teacher.

Clean your room.

6 (Be / Being) quiet in class.

7 Please (reading / read) slowly.

8 Please (have / having) some cookies.

9 (Answer / Answering) my question, please.

10 (Closing / Close) the window, please.

• catch 잡다[받다] • clean 청소하다 • in class 수업 중에 • answer 대답하다 • question 질문

B 다음 괄호 안에서 알맞은 말을 골라 동그라미 하세요.

1   Don't (are / (be)) sorry.

2   Don't (swim / swims) here.

3   Don't (be / is) afraid.

4   Don't (touching / touch) the vase.

5   Don't (taking / take) the bus.

> Don't touch the vase.

6   A : Let's (ride / rides) a bike.   B : OK!

7   A : Let's (play / plays) badminton.   B : Yes!

8   A : Let's (does / do) the homework.   B : Sure.

9   A : Let's (clean / cleaning) the house.   B : All right.

10   A : Let's (draw / drawing) a monkey.   B : Sure.

· sorry 미안한   · afraid 두려워하는   · touch 만지다   · vase 꽃병   · draw 그리다

Grammar Fly! ·······························

★A 주어진 동사를 사용하여 다음 문장을 완성하세요.

1 ___Jump___ high. (jump)
높이 점프해라.

우리말 뜻이 모두
'~해라'이니까 빈칸에
동사원형을 쓰면
되는 거지!

2 _____ every day. (exercise)
매일 운동해라.

3 _____ the dishes. (wash)
설거지를 해라.

4 _____ diligent. (is)
부지런해라.

5 _____ _____ your coat. (put on)
네 외투를 입어라.

6 _____ a strong boy. (am)
강한 아이가 되어라.

7 Please _____ your name. (write)
이름을 쓰세요.

8 Please _____ some cake. (have)
케이크 좀 드세요.

Please write
your name.

9 _____ my bike, please. (fix)
내 자전거 좀 고쳐 주세요.

10 _____ to me, please. (listen)
제 말을 들어 보세요.

· exercise 운동하다   · wash the dishes 설거지를 하다   · put on 입다   · have 먹다   · listen to ~을 듣다

정답 및 해설 26~27쪽

B Don't와 주어진 단어를 사용하여 '~하지 마라'라는 문장을 완성하세요.

1 ___Don't___ ___shout___ here. (shout)

2 _____ _____ at the pool. (run)

3 _____ _____ angry. (be)

4 _____ _____ on the bench. (sit)

5 _____ _____ the box. (open)

C Let's와 주어진 단어를 사용하여 제안하는 문장을 완성하세요.

1 **A** : ___Let's___ ___take___ a walk. (take) **B** : Sure.

2 **A** : _____ _____ camping. (go) **B** : All right.

3 **A** : _____ _____ dinner. (have) **B** : OK!

4 **A** : _____ _____ her. (help) **B** : Yes!

5 **A** : _____ _____ together. (dance) **B** : All right.

· shout 소리치다 · at the pool 수영장에서 · angry 화난 · take a walk 산책하다 · go camping 캠핑하러 가다

명령문 **161**

1 만화를 보면서 지시하는 문장인 명령문에 대해 복습해 봐요.

2 다음 표의 빈칸에 알맞은 말을 쓰세요.

종류	형식	예문
be동사 명령문	Be ~.	1 _____ nice. 친절하게 대해라.
일반동사 명령문	2 _____ ~.	Close the door. 문을 닫아라.
공손하게 말할 때	Please 동사원형 ~. 동사원형 ~, 3 _____.	Please put on your coat. = Put on your coat, please. 외투를 입으세요.

3 만화를 보면서 부정 명령문과 제안하는 말에 대해 복습해 봐요.

4 다음 표의 빈칸에 알맞은 말을 쓰세요.

종류	형식	예문
부정 명령문 (~하지 마라)	1 _____ + 동사원형 ~.	Don't open the door. 문을 열지 마라.
	Don't + be ~.	Don't be afraid. 무서워하지 마라.
제안하는 문장 (~하자)	2 _____ + 동사원형 ~.	A: Let's have dinner. 저녁 먹자. B: OK! 그래! A: Let's do the homework. 숙제하자. B: 3 _____. 그래. A: Let's study English. 영어 공부하자. B: All 4 _____. 좋아.

명령문 **163**

★Review · 05

[1-2] 그림을 보고, 다음 괄호 안에서 알맞은 말을 골라 동그라미 하세요.

1

I (can / can't) swim.

2

It (can / can't) jump.

[3-5] 다음 문장의 빈칸에 알맞은 말을 고르세요.

3 They can _____ Korean well.

❶ speak   ❷ speaks   ❸ speaking

4 Polly cannot _____ a bike.

❶ rides   ❷ ride   ❸ riding

5 He can't _____ soccer.

❶ play   ❷ plays   ❸ playing

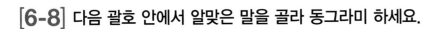

[6-8] 다음 괄호 안에서 알맞은 말을 골라 동그라미 하세요.

6 A: (Can you / Can he / Can they) draw a picture?

   B: Yes, he can.

7 A: Can the tiger swim?

   B: No, (it can / she can / it can't).

8 A: Can those boys fly the kite?

   B: Yes, (they can / he can / they can't).

[9-10] 다음 문장의 빈칸에 알맞은 말을 고르세요.

9
_____ quiet, please. 조용히 하세요.

   ❶ Are   ❷ Is   ❸ Be

10
_____ the door. 문을 닫아라.

   ❶ Close   ❷ Closes   ❸ Closing

REVIEW · 05

[11-12] 그림을 보고, 다음 문장의 빈칸에 알맞은 말을 고르세요.

11

Don't _____ here.

❶ sit ❷ sits ❸ sitting

12

Don't _____ here.

❶ swims ❷ swim ❸ swimming

[13-15] 다음 대화의 빈칸에 알맞은 말을 고르세요.

13

A: Let's _____ fast.

B: All right.

❶ run ❷ runs ❸ running

14

A: Let's _____ him.

B: Sure.

❶ helps ❷ help ❸ helping

15

A: Let's _____ a snowman.

B: OK!

❶ making ❷ makes ❸ make

[16-20] 다음 우리말 뜻과 같도록 빈칸에 알맞은 말을 쓰세요.

16 자리에 앉으세요.

➡ Please _____ down.

17 노래를 부르자.

➡ _____ _____.

18 일찍 일어나라.

➡ _____ up early.

19 컴퓨터 게임을 하지 마라.

➡ _____ _____ computer games.

20 낚시하러 가자.

➡ _____ _____ fishing.

MEMO

Grammar, ZAP!

ANSWER KEY

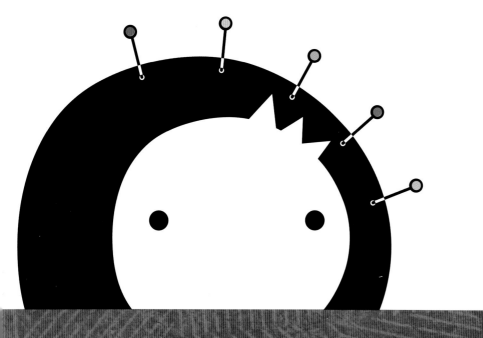

입문 2

CHUNJAE EDUCATION, INC.

Grammar, ZAP!

VOCABULARY
단어장

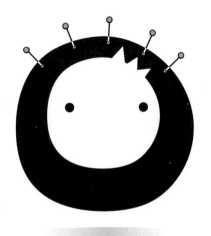

입문 2

Aha!

" 단어장 활용 방법 "

각 Unit은 학습 내용과 관련된 핵심 단어들을 확인해 보는 것으로 시작합니다.

우리말 뜻을 보며 정확하게 이해하면서 외워 봐요.

이때 영어 단어는 개별적으로 외우지 말고 문장과 함께 외우도록 합니다.

퀴즈를 풀며 잘 모르는 단어는 다시 한 번 확인해 보는 것도 잊지 마세요!

Grammar, ZAP!

VOCABULARY 단어장

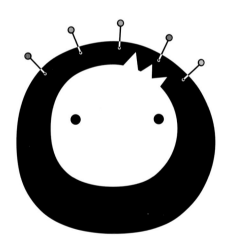

입문 **2**

CHUNJAE EDUCATION, INC.

Grammar, ZAP!

ANSWER KEY

입문 2

★01 일반동사

Check Up
10쪽

1 O	2 X	3 X	4 O
5 O	6 X	7 O	8 O
9 O	10 O		

해설

1	달리다	2	~이다
3	~이다	4	노래하다
5	수영하다	6	~이다
7	춤을 추다	8	가지다
9	가다	10	날다

Check Up
11쪽

1	wash	-es
2	go	-es
3	play	-s
4	teach	-es
5	sing	-s

해설

1 씻다　　　　2 가다
3 (악기를) 연주하다, (경기를) 하다
4 가르치다　　5 노래하다

Grammar Walk
12~13쪽

해설 A
1 나는 노래를 잘한다.
2 그 새들은 잘 지저귄다.
3 너는 춤을 잘 춘다.
4 그 원숭이들은 춤을 잘 춘다.
5 우리는 수영을 잘한다.
6 그 늑대들은 헤엄을 잘 친다.
7 나는 수학을 좋아한다.
8 그들은 수학을 좋아한다.
9 그 남자아이들은 토마토를 가지고 있다.
10 그 남자아이들은 토마토를 매우 좋아한다.

B
1 그는 춤을 잘 춘다.
2 그녀는 빠르게 수영한다.
3 오스카는 학교에 다닌다.
4 그의 아빠는 수학을 가르치신다.
5 그의 엄마는 차를 수리하신다.
6 이 새는 빠르게 난다.
7 저 새는 잘 지저귄다.
8 한 여자아이가 고양이 한 마리를 가지고 있다.
9 그 고양이는 자기 얼굴을 씻는다.
10 그것은 생선을 좋아한다.

Grammar Run
14~15쪽

A
1	sing	2	run
3	hate	4	like
5	go	6	come
7	read	8	write
9	have	10	love

B
1	runs	2	jumps
3	teaches	4	studies
5	flies	6	sings
7	washes	8	fixes
9	has	10	hates

해설 A
1 나는 매일 노래한다.
2 나는 매일 달린다.
3 너는 포도를 몹시 싫어한다.
4 너는 포도를 좋아한다.
5 우리는 학교에 다닌다.
6 우리는 늦게 온다.
7 그들은 책을 읽는다.
8 그들은 책을 쓴다.
9 주디와 나는 개를 가지고 있다.
10 내 남자 형제들은 개를 매우 좋아한다.

B
1 그는 빨리 달린다.
2 그녀는 높이 점프한다.
3 오바마 씨는 음악을 가르친다.
4 에드나는 수학을 공부한다.
5 그 새는 천천히 난다.
6 그것은 느리게 노래한다.
7 우리 아빠는 설거지를 하신다.
8 우리 엄마는 컴퓨터를 고치신다.
9 한 농부가 오리 다섯 마리를 가지고 있다.
10 그 농부는 여우를 몹시 싫어한다.

A
1 wash 2 study
3 write 4 teach
5 go 6 like
7 know 8 love
9 hate 10 have

B
1 reads 2 writes
3 studies 4 jumps
5 runs 6 flies
7 teaches 8 washes
9 goes 10 fixes

해설 **A** 1 나는 세수한다.
2 너는 영어를 공부한다.
3 우리는 편지를 쓴다.
4 그들은 미술을 가르친다.
5 그 아이들은 학교에 다닌다.
6 이 여자아이들은 초콜릿을 좋아한다.
7 저 남자아이들은 다이애나를 알고 있다.
8 우리 누나들은 뱀을 아주 좋아한다.
9 너와 톰은 거미를 몹시 싫어한다.
10 메리와 나는 돼지 세 마리를 가지고 있다.

B 1 그는 책을 읽는다.
2 그녀는 이야기를 쓴다.
3 주디는 수학을 공부한다.
4 톰은 점프를 잘한다.
5 그것은 빨리 달린다.
6 그 새는 높이 난다.
7 그녀의 이모는 영어를 가르치신다.
8 그녀의 삼촌은 자기 차를 세차하신다.
9 우리 할머니는 학교에 다니신다.
10 우리 할아버지는 내 자전거를 고치신다.

11 loves 12 has
13 hates 14 goes
15 studies 16 meets
17 visits 18 plays
19 flies 20 watches

B
1 jumps 2 swims
3 plays 4 washes
5 fixes 6 watches
7 goes 8 has
9 studies 10 flies

해설 **A** 1 뛰다, 점프하다 2 오다
3 가르치다 4 수영하다
5 씻다 6 달리다
7 좋아하다 8 고치다
9 건네주다 10 알다, 알고 있다
11 매우 좋아하다, 사랑하다
12 가지다 13 몹시 싫어하다
14 가다 15 공부하다
16 만나다 17 방문하다, 찾아가다
18 (악기를) 연주하다, (경기를) 하다
19 날다 20 보다, 지켜보다

B 1 양이 높이 점프한다.
2 그것은 헤엄을 잘 친다.
3 아빠는 바이올린을 잘 켜신다.
4 그는 매일 양말을 빤다.
5 그녀의 엄마는 비행기를 수리하신다.
6 그녀는 매일 텔레비전을 본다.
7 와이즈 부인은 공원에 간다.
8 그녀의 개는 긴 다리를 가지고 있다.
9 이 원숭이는 수학을 공부한다.
10 저 비행기는 빨리 난다.

A
1 jumps 2 comes
3 teaches 4 swims
5 washes 6 runs
7 likes 8 fixes
9 passes 10 knows

2
1 날다 2 read
3 swim 4 dance
5 좋아하다 6 오다
7 have

4
1 swims 2 teaches

3 passes   **4** goes
5 studies   **6** flies
7 has

★02 일반동사의 부정문과 의문문

Check Up 24쪽

1 ❶   **2** ❶   **3** ❶   **4** ❶

해설 **1** 그들은 함께 춤을 추지 않는다.
2 그녀는 영어를 가르치지 않는다.
3 우리는 노래를 잘 부르지 못한다.
4 그는 뱀을 좋아하지 않는다.

Check Up 25쪽

1 X   **2** O   **3** O   **4** X
5 O   **6** X

해설 **2** 너는 달걀을 가지고 있니?
3 해리는 사과를 좋아하니?
5 그녀는 축구를 하니?

Grammar Walk 26~27쪽

해설 **A** **1** 나는 춤을 추지 않는다.
2 너는 춤을 추지 않는다.
3 그는 노래하지 않는다.
4 그녀는 노래하지 않는다.
5 그것은 날지 않는다.
6 그것들은 날지 않는다.
7 우리는 플루트를 불지 않는다.
8 데이비드는 플루트를 불지 않는다.
9 루시와 나는 그들을 모른다.
10 그 여자들은 그들을 모른다.

B **1** A: 너는 당근을 좋아하니?
B: 응, 그래.

2 A: 그는 당근을 좋아하니?
B: 응, 그래.

3 A: 그녀는 골프를 치니?
B: 아니, 그렇지 않아.

4 A: 그들은 골프를 치니?
B: 응, 그래.

5 A: 그것은 빨리 달리니?
B: 응, 그래.

6 A: 그것들은 빨리 달리니?
B: 아니, 그렇지 않아.

7 A: 너는 연필을 가지고 있니?
B: 아니, 그렇지 않아.

8 A: 너희들은 연필을 가지고 있니?
B: 응, 그래.

9 A: 우리가 예뻐 보이니?
B: 아니, 그렇지 않아.

10 A: 내가 예뻐 보이니?
B: 응, 그래.

Grammar Run 28~29쪽

A **1** don't   **2** doesn't
3 don't   **4** doesn't
5 don't   **6** doesn't
7 don't   **8** doesn't
9 don't   **10** doesn't

B **1** No   **2** Yes   **3** No   **4** Yes
5 No   **6** Yes   **7** No   **8** No
9 Yes   **10** Yes

해설 **A** **1** 나는 동물원에 가지 않는다.
2 그는 공원에 가지 않는다.
3 너는 바이올린을 켜지 않는다.
4 그녀는 피아노를 치지 않는다.
5 우리는 거미를 좋아하지 않는다.
6 수지는 거미를 싫어하지 않는다.
7 그것들은 날개를 가지고 있지 않다.
8 뱀은 다리를 가지고 있지 않다.
9 그 여자아이들은 설탕이 필요 없다.
10 그들의 엄마는 소금이 필요 없다.

B 1 A: 너는 만화책을 읽니?
　　B: 아니, 그렇지 않아.

2 A: 그는 이야기를 쓰니?
　　B: 응, 그래.

3 A: 그들은 자기 방들을 청소하니?
　　B: 아니, 그렇지 않아.

4 A: 그녀는 과자를 만드니?
　　B: 응, 그래.

5 A: 너와 데이비드는 수학을 공부하니?
　　B: 아니, 그렇지 않아.

6 A: 프랭크 씨는 영어를 가르치니?
　　B: 응, 그래.

7 A: 네 사촌들은 너를 찾아오니?
　　B: 아니, 그렇지 않아.

8 A: 네 삼촌은 비행기를 조종하시니?
　　B: 아니, 그렇지 않아.

9 A: 캥거루는 높이 점프하니?
　　B: 응, 그래.

10 A: 거미는 벌레를 먹니?
　　B: 응, 그래.

B 1 A: 너는 피자를 좋아하니?
　　B: 응, 그래.

2 A: 그녀는 그를 아니?
　　B: 아니, 그렇지 않아.

3 A: 모차르트는 피아노를 지니?
　　B: 응, 그래.

4 A: 그것은 물을 마시니?
　　B: 아니, 그렇지 않아.

5 A: 그들은 텔레비전을 보니?
　　B: 응, 그래.

6 A: 그는 설거지를 하니?
　　B: 아니, 그렇지 않아.

7 A: 네 사촌들은 여기에서 사니?
　　B: 응, 그래.

8 A: 태환이는 여기에서 수영을 하니?
　　B: 응, 그래.

9 A: 닭은 벌레를 먹니?
　　B: 응, 그래.

10 A: 벌은 다리가 다섯 개니?
　　B: 아니, 그렇지 않아.

Grammar Jump
30~31쪽

A 1 don't　　2 doesn't
3 doesn't　　4 don't
5 doesn't　　6 don't
7 write　　8 read
9 learn　　10 clean

B 1 Do　　2 Does
3 Does　　4 Does
5 Do　　6 he doesn't
7 they do　　8 he does
9 it does　　10 they don't

해설 A 1 나는 여자 형제가 없다.
2 그는 자신의 엄마를 돕지 않는다.
3 그녀는 오늘 학교에 가지 않는다.
4 우리는 닭을 가지고 있지 않다.
5 그것은 노래하지 않는다.
6 너는 야구를 하지 않는다.
7 그들은 편지를 쓰지 않는다.
8 호동이는 신문을 읽지 않는다.
9 내 여동생들은 영어를 배우지 않는다.
10 우리 오빠는 자기 방을 청소하지 않는다.

Grammar Fly
32~33쪽

A 1 do not run　　2 do not have
3 does not have　4 does not go
5 do not hate　　6 doesn't fly
7 don't like　　8 doesn't meet
9 doesn't love　　10 don't drink

B 1 Do　　2 Does
3 Does　　4 Do
5 Does　　6 I do
7 she doesn't　　8 he does
9 it doesn't　　10 they do

해설 A 1 나는 빨리 달린다.
　　→ 나는 빨리 달리지 않는다.
2 너는 자를 가지고 있다.
　　→ 너는 자를 가지고 있지 않다.
3 그녀는 남동생이 있다.
　　→ 그녀는 남동생이 없다.
4 그는 수영장에 간다.
　　→ 그는 수영장에 가지 않는다.
5 우리는 벌레를 싫어한다.
　　→ 우리는 벌레를 싫어하지 않는다.

6 그것은 빨리 난다.
→ 그것은 빨리 날지 않는다.

7 그들은 바나나를 좋아한다.
→ 그들은 바나나를 좋아하지 않는다.

8 제시카는 그를 만난다.
→ 제시카는 그를 만나지 않는다.

9 우리 엄마는 수박을 아주 좋아하신다.
→ 우리 엄마는 수박을 좋아하시지 않는다.

10 그 배우들은 오렌지 주스를 마신다.
→ 그 배우들은 오렌지 주스를 마시지 않는다.

B 1 A: 너는 초콜릿을 좋아하니?
B: 응, 그래.

2 A: 그는 북을 치니?
B: 아니, 그렇지 않아.

3 A: 그녀는 아침 식사를 하니?
B: 응, 그래.

4 A: 그들은 슬퍼 보이니?
B: 아니, 그렇지 않아.

5 A: 그것은 눈이 두 개니?
B: 응, 그래.

6 A: 너는 네 아빠를 돕니?
B: 응, 그래.

7 A: 그녀는 여기에 사니?
B: 아니, 그렇지 않아.

8 A: 잭은 공원에 가니?
B: 응, 그래.

9 A: 그 개는 무니?
B: 아니, 그렇지 않아.

10 A: 새들은 나니?
B: 응, 그래.

⭐QUIZ .... 34~35쪽 ★

2 **1** do not   **2** don't
  3 don't   **4** do not
  5 doesn't   **6** don't

4 **1** Yes   **2** don't
  3 Does   **4** does
  5 No   **6** Do
  7 don't

REVIEW · 01   36~39쪽

1 ❸	2 ❷	3 ❶
4 ❸	5 ❶	6 ❸
7 ❸	8 like	9 don't
10 eat	11 ❸	12 ❷
13 ❷	14 ❸	15 ❸
16 flies	17 goes	18 it
19 Do	20 does	

REVIEW 해설

1 is와 are는 be동사이다.
❶ 오다(일반동사) – ~이다(be동사)
❷.~이다(be동사) – 쓰다(일반동사)
❸ 생각하다(일반동사) – 점프하다(일반동사)

2 am, is, are는 be동사이다.
❶ ~이다(be동사) – ~이다(be동사)
❷ 가다(일반동사) – 좋아하다(일반동사)
❸ 가지다(일반동사) – ~이다(be동사)

3 are, am은 be동사이다.
❶ 몹시 싫어하다(일반동사) – 춤을 추다(일반동사)
❷ ~이다(be동사) – 사랑하다(일반동사)
❸ 읽다(일반동사) – ~이다(be동사)

4 ❶ do – does 하다
❷ sing – sings 노래하다
❸ wash – washes 씻다

5 ❶ pass – passes 건네주다
❷ fly – flies 날다
❸ jump – jumps 뛰다, 점프하다

6 주어가 3인칭 단수일 때 「자음+y」로 끝나는 동사는 -y
를 -i로 바꾼 후 -es를 붙여 준다. 따라서 studies가 알
맞다.
• 크리스탈은 영어를 공부한다.

7 'A rabbit'은 3인칭 단수이다. 따라서 빈칸에는 have
의 3인칭 단수 현재형인 has가 알맞다.
• 토끼는 다리가 네 개이다.

8 일반동사의 부정문은 「do not[does not]+동사원형」
이므로 like가 알맞다.

9 주어가 복수일 때 일반동사의 부정문은 「do not(=don't)
+동사원형」을 쓴다.

10 주어가 3인칭 단수일 때 일반동사의 부정문은 「does not (=doesn't)+동사원형」이므로 eat이 알맞다.

11 3인칭 단수가 주어일 때 일반동사 의문문의 올바른 형태는 「Does+주어+동사원형 ~?」이다.
• 제니는 그를 사랑하니?

12 your brothers는 복수이다. 주어가 복수일 때 일반동사 의문문의 올바른 형태는 「Do+주어+동사원형 ~?」이다.
• 네 남동생들은 학교에 다니니?

13 you는 2인칭이다. 주어가 2인칭일 때 일반동사를 이용한 의문문의 올바른 형태는 「Do+주어+동사원형 ~?」이다.
• 너는 테니스를 잘 치니?

14 Do 또는 Does를 이용한 질문에는 역시 do 또는 does를 이용해 대답한다. uncle은 남성이므로 대명사 he를 주어로 하고 또 대답이 yes이면 이어지는 말은 긍정으로, no이면 이어지는 말은 부정으로 한다.
• 네 삼촌은 개를 가지고 있니?
 –응, 그래.

15 Do you ~?로 물었으므로 대답은 긍정이면 「Yes, I (또는 we) do.」, 부정이면 「No, I(또는 we) don't.」로 한다.
• 너는 꽃을 좋아하니?
 –아니, 그렇지 않아.

16 주어가 3인칭 단수일 때 fly는 flies로 바뀐다. 「자음+y」로 끝나는 동사는 -y를 -i로 바꾼 후 -es를 붙인다.

17 주어가 3인칭 단수일 때 go는 goes로 바뀐다. -o로 끝나는 동사는 끝에 -es를 붙인다.

18 동물이나 사물(단수)에 대한 질문은 대명사 it을 주어로 대답한다.
A: 그 사슴은 빨리 달리니?
B: 응, 그래.

19 주어가 2인칭일 때 알맞은 의문문의 형태는 「Do+주어+동사형 ~?」이다.
A: 너는 공책을 가지고 있니?
B: 아니, 그렇지 않아.

20 do[does]를 이용한 질문은 do[does]를 이용해 대답한다. 의문문과 대답에서 주어가 3인칭 단수이므로 does를 이용해 대답한다.
A: 네 엄마는 바이올린을 켜시니?
B: 응, 그래.

Unit 03 형용사

★★★★★★★★★★★★★★★★★★★★★★★★★★★★★★★

Check Up
42쪽

1	크기/모양	small
2	성질/상태	new
3	색깔	white
4	날씨	windy
5	수	two

해설 two 두 개의, windy 바람이 많이 부는, white 흰색의, new 새, 새로운, small 작은

Check Up
43쪽

big   beautiful   windy   long

해설 big 큰, pig 돼지, beautiful 아름다운, park 공원, man (성인) 남자, windy 바람이 많이 부는, woman (성인) 여자, juice 주스, long 긴, umbrella 우산

Grammar Walk
44~45쪽

해설 A
1	큰	2	작은
3	빠른	4	느린
5	검은, 검은색의	6	흰, 흰색의
7	시원한	8	따뜻한
9	행복한	10	슬픈

B 1 너는 긴 연필을 가지고 있다.
2 너는 빨간색 크레용을 가지고 있다.
3 그녀는 자신의 오래된 자전거를 좋아한다.
4 그는 자신의 새 자전거를 좋아한다.
5 우리 엄마는 키가 크시다.
6 우리 아빠는 키가 작으시다.
7 비가 많이 온다.
8 바람이 많이 분다.
9 네 고양이는 뚱뚱하다.
10 네 고양이는 못생겼다.

A
1 long
2 fast
3 old
4 blue
5 cute
6 small
7 red
8 happy
9 hot
10 snowy

B
1 tall
2 old
3 cute
4 small
5 new
6 big
7 snowy
8 cool
9 yellow
10 green

해설 **A**
1 긴 / 짧은
2 빠른 / 느린
3 새로운 / 오래된
4 흰, 흰색의 / 파란, 파란색의
5 귀여운 / 못생긴
6 큰 / 작은
7 노란, 노란색의 / 빨간, 빨간색의
8 행복한 / 슬픈
9 추운 / 더운
10 눈이 많이 내리는 / 바람이 많이 부는

B
1 나는 그 키 큰 나무를 좋아한다.
2 나는 그 오래된 나무를 좋아한다.
3 그들은 자신들의 귀여운 강아지를 매우 좋아한다.
4 그들은 자신들의 작은 강아지를 매우 좋아한다.
5 그의 컴퓨터는 새것이다.
6 그의 컴퓨터는 크다.
7 눈이 많이 내린다.
8 날씨가 시원하다.
9 나는 그 노란색 셔츠를 원한다.
10 나는 그 초록색 바지를 원한다.

A
1 cold
2 short
3 big
4 weak
5 slow
6 blue
7 tall
8 white
9 old
10 windy

B
1 a happy girl
2 a long neck
3 the old house
4 that blue ball
5 your handsome brother
6 her pretty sister
7 is cold
8 is black
9 is new
10 is strong

해설 **B**
1 그녀는 행복한 여자아이이다.
2 그것은 긴 목을 가지고 있다.
3 그 오래된 집을 봐.
4 우리는 저 파란색 공을 원한다.
5 나는 네 잘생긴 형을 좋아한다.
6 그녀는 자신의 예쁜 언니를 매우 좋아한다.
7 날씨가 춥다.
8 내 가방은 검은색이다.
9 그의 침대는 새것이다.
10 내 남동생은 힘이 세다.

A
1 yellow
2 big
3 windy
4 beautiful
5 three
6 tall
7 slow
8 new
9 red
10 warm

B
1 a big
2 my new
3 your blue
4 a short
5 her tall
6 is weak
7 is cute
8 is long
9 is sad
10 are ugly

해설 **B**
1 그것은 큰 배이다.
2 이것은 내 새 모자이다.
3 그는 네 파란색 연필들을 원한다.
4 너는 짧은 자를 가지고 있다.
5 그녀는 자신의 키가 큰 선생님을 좋아한다.
6 그는 몸이 약하다.
7 내 애완동물은 귀엽다.
8 그의 코는 길다.
9 그 남자는 슬프다.
10 그 개들은 못생겼다.

QUIZ .... 52~53쪽★

2 1 small   2 tall
3 short   4 빠른
5 느린   6 old
7 black   8 yellow
9 비가 많이 오는   10 snowy
11 three

4 1 형용사   2 명사
3 형용사

04 부사와 전치사

Check Up 56쪽

1 행복하게   2 잘
3 시끄럽게   4 친절하게
5 느리게

Check Up 57쪽

1 ~ 뒤에 ——— behind
2 ~ 안에 ——— in
3 ~ 옆에 ——— next to
4 ~ 위에 ——— on
5 ~ 아래에 ——— under

Grammar Walk 58~59쪽

해설 **A** 1 나는 춤을 잘 춘다.
2 너는 노래를 매우 잘한다.
3 그는 무척 부지런하다.
4 그녀는 행복하게 산다.
5 우리는 신중하게 생각한다.
6 수지는 천천히 말한다.
7 수지는 일찍 일어난다.
8 하하는 빨리 뛴다.
9 그 간호사들은 열심히 공부한다.

10 그 간호사들은 그를 친절하게 돕는다.

B 1 6시에   2 일요일에
3 크리스마스 날에   4 10월에
5 2013년에   6 그 차 안에
7 그 피아노 위에   8 그 다리 아래에
9 그 병원 뒤에   10 그 공원 옆에

Grammar Run 60~61쪽

A 1 well   2 very, hard
3 slowly   4 very
5 so   6 quickly
7 sadly   8 loudly
9 easily   10 happily

B 1 in   2 at
3 on   4 in
5 on

C 1 in   2 under
3 on   4 next to
5 behind

해설 **A** 1 그녀는 점프를 잘한다.
2 그녀는 영어를 아주 열심히 공부한다.
3 우리는 천천히 걷는다.
4 우리는 매우 행복하다.
5 그들은 아주 뚱뚱하다.
6 그들은 차를 빨리 운전한다.
7 마크는 나를 슬프게 바라본다.
8 마크는 큰 소리로 외친다.
9 우리 할아버지는 상자를 쉽게 만드신다.
10 우리 할아버지는 행복하게 미소를 지으신다.

B 1 내 생일은 3월이다.
2 그는 5시에 일어난다.
3 그는 일요일에 학교에 가지 않는다.
4 우리는 10월에 서울에 간다.
5 우리는 월요일에 축구를 한다.

C 1 그녀는 그 방 안에 있다.
2 그녀는 그 나무 아래에 있다.
3 인형이 그 상자 위에 있다.
4 인형이 그 상자 옆에 있다.
5 인형이 그 상자 뒤에 있다.

A
1 well 2 fast
3 very 4 high
5 slowly 6 late
7 kindly 8 loudly
9 carefully 10 happily

B
1 at 2 on
3 in 4 at
5 on

C
1 next to 2 in
3 under 4 on
5 behind

해설 **B** 1 나는 9시에 학교에 간다.
2 그녀는 월요일에 일하지 않는다.
3 어린이날은 5월이다.
4 그들은 6시에 아침 식사를 한다.
5 우리 엄마는 일요일에 공원에 가신다.

A
1 fast 2 well
3 very 4 late
5 early 6 happily
7 carefully 8 sadly
9 high 10 easily

B
1 at 2 in
3 at 4 in
5 on 6 under
7 on 8 in
9 next to 10 behind

2
1 loudly 2 quickly
3 carefully 4 happily
5 fast 6 hard

7 well

4
1 at 2 in
3 in 4 on
5 under 6 behind
7 next to

REVIEW · 02 68~71쪽

1 ②	2 ③	3 ①
4 ③	5 ③	6 ②
7 ③	8 ②	9 ③
10 ①	11 at	12 on
13 in	14 on	15 under
16 old	17 short	18 carefully
19 behind	20 next to	

REVIEW 해설

1 ❶ 흰, 흰색의 ❷ 큰 ❸ 따뜻한

2 ❶ 키가 큰 ❷ 행복한 ❸ 빠른

3 ❶ 시원한 ❷ 긴 ❸ 짧은

4 명사를 꾸며 주는 형용사의 알맞은 위치는 관사(a)와 명사의 사이이다.

5 주어의 성질이나 상태를 설명하는 형용사의 알맞은 위치는 be동사 뒤이다.

6 형용사가 관사와 함께 올 경우 「관사+형용사+명사」의 순서이다. 따라서 ❷는 He is a smart boy.(그는 똑똑한 남자아이다.)가 되어야 한다.
❶ 그녀의 오빠는 키가 크다.
❸ 그 배우는 화가 났다.

7 형용사와 소유격, 명사의 올바른 순서는 「소유격+형용사+명사」이다. 따라서 ❸의 알맞은 형태는 my cute sister이다.

8 ❶ 느리게 ❷ 높이, 높게 ❸ 열심히

9 ❶ 쉽게 ❷ 조심스럽게 ❸ 일찍

10 ❶ 큰 소리로 ❷ 시끄러운 ❸ 빨리

11 특정한 시각 앞에 쓰는 전치사는 at이다.
  • 그들은 6시 정각에 저녁 식사를 한다.

12 요일, 날짜, 특정한 날 앞에 쓰는 전치사는 on이다.
  • 케빈은 일요일에 바이올린을 켠다.

13 월, 계절, 연도 등의 앞에 쓰는 전치사는 in이다.
  • 내 생일은 3월이다.

14 '~ 위에'를 나타내는 전치사는 on이다. under는 '~ 아래에', next to는 '~ 옆에'라는 뜻이다.
  • 내 개는 자동차 위에 있다.

15 '~ 아래에'를 나타내는 전치사는 under이다. in은 '~ 안에', behind는 '~ 뒤에'라는 뜻이다.
  • 공이 탁자 아래에 있다.

16 new는 '새로운'이란 뜻이므로 반대말은 '오래된, 낡은'의 뜻을 가진 old이다.
  • 새로운 – 오래된

17 long은 '(길이가) 긴'이란 뜻이므로 반대말은 '(길이가) 짧은'의 뜻을 가진 short이다.
  • 긴 – 짧은

18 '주의 깊게, 조심스럽게'라는 뜻을 가진 부사는 carefully이다.

19 '~ 뒤에'라는 뜻을 가진 전치사는 behind이다.

20 '~ 옆에'라는 뜻을 가진 전치사는 next to이다.

Check Up 75쪽

1 ❶   **2** ❶   **3** ❶   **4** ❶

해설 **1** 누가 네 선생님이시니?
  2 너는 누구를 좋아하니?
  3 네 이름은 무엇이니?
  4 네 오빠는 무엇을 공부하니?

Grammar Walk 76~77쪽

해설 **A** **1** 그 남자아이는 누구니?
  2 샘은 왜 그렇게 슬퍼하니?
  3 네 생일은 언제니?
  4 네 집은 어디니?
  5 네 조부모님은 어떻게 지내시니?
  6 그녀는 어디에 사니?
  7 너는 무엇을 가지고 있니?
  8 그들은 언제 일어나니?
  9 앨리스는 학교에 어떻게 가니?
  10 산다라는 왜 그에게 전화하니?

B **1** 그녀는 누구니?
  2 저것은 무엇이니?
  3 그 시험은 언제니?
  4 너는 어떻게 지내니?
  5 그들은 왜 화가 났니?
  6 그들의 크레용은 어디에 있니?
  7 판다는 어디에 사니?
  8 그 원숭이는 무엇을 먹니?
  9 그녀는 누구를 좋아하니?
  10 그 콘서트는 언제 시작하니?

Unit 05 의문사 (1)

Check Up 74쪽

1	who	누구
2	how	어떻게
3	where	어디
4	why	왜
5	when	언제
6	what	무엇

Grammar Run 78~79쪽

A
1	Who	2	Where
3	How	4	Why
5	How	6	When
7	What	8	Where
9	What	10	Why

B
| 1 | 누구 | 2 | 언제 | 3 | 어디(에) |
| 4 | 어떻게 | 5 | 무엇 | 6 | 왜 |

7 언제　　　8 왜　　　9 무엇(을)

10 어디(에서)

해설 A 1 저 여자는 누구니?

　　2 그의 차는 어디에 있니?

　　3 네 어머니는 어떻게 지내시니?

　　4 너는 왜 그렇게 피곤해하니?

　　5 너는 어떻게 학교에 가니?

　　6 너는 언제 잠자리에 드니?

　　7 너는 방과 후에 무엇을 하니?

　　8 네 강아지는 어디에서 자니?

　　9 유미는 일요일에 무엇을 하니?

　10 너는 왜 박지성을 좋아하니?

　B 1 샘이 누구니?

　　2 그 소풍은 언제니?

　　3 내 바지는 어디에 있니?

　　4 네 부모님은 어떻게 지내시니?

　　5 이것들은 무엇이니?

　　6 너는 왜 늦니?

　　7 너는 언제 수영장에 가니?

　　8 너는 왜 나를 좋아하니?

　　9 그녀는 점심으로 무엇을 먹니?

　10 주디는 어디에서 테니스를 치니?

Grammar Jump

80~81쪽

A 1 are　　2 is　　3 are

　4 are　　5 is　　6 does

　7 do　　8 does　9 does

　10 do

B 1 Who　　2 What　3 What

　4 Who　　5 Who　6 Who

　7 What　　8 What　9 What

　10 Who

해설 A 1 너는 누구니?

　　2 그것은 무엇이니?

　　3 그 여자들은 누구니?

.　　4 저 상자들은 무엇이니?

　　5 네 오빠가 누구니?

　　6 그는 방과 후에 무엇을 하니?

　　7 그들은 누구를 좋아하니?

　　8 그 여자아이는 무엇을 가지고 있니?

---

　9 그는 누구를 몹시 싫어하니?

10 네 친구들은 무엇을 원하니?

B 1 A: 그녀는 누구니?

　　B: 그녀는 내 친구이다.

　2 A: 이것은 무엇이니?

　　B: 그것은 자이다.

　3 A: 저것들은 무엇이니?

　　B: 그것들은 내 양말이다.

　4 A: 저 남자는 누구니?

　　B: 그는 우리 선생님이시다.

　5 A: 그는 누구니?

　　B: 그는 샘이다.

　6 A: 너는 누구를 좋아하니?

　　B: 나는 밥을 좋아한다.

　7 A: 그들은 방과 후에 무엇을 하니?

　　B: 그들은 축구를 한다.

　8 A: 거미는 무엇을 먹니?

　　B: 그것들은 곤충을 먹는다.

　9 A: 그녀는 무엇을 가지고 있니?

　　B: 그녀는 꽃 다섯 송이를 가지고 있다.

　10 A: 네 형은 누구를 무척 좋아하니?

　　B: 그는 앤을 무척 좋아한다.

Grammar Fly

82~83쪽

A 1 are　　2 is　　3 is

　4 is　　5 are　　6 does

　7 do　　8 do　　9 does

　10 does

B 1 What　　　2 Who

　3 What　　　4 What

　5 Who　　　6 What

　7 Who　　　8 What

　9 What　　　10 Who

해설 A 1 그것들은 무엇이니? / 그들의 직업은 무엇이니?

　　2 그 키가 큰 남자는 누구니?

　　3 그녀의 이름은 무엇이니?

.　　4 이 할머니는 누구시니?

　　5 그들의 전화번호는 무엇이니?

　　6 그는 누구를 좋아하니?

　　7 너는 토요일에 무엇을 하니?

　　8 그들은 저녁 식사로 무엇을 요리하니?

　　9 그는 매주 누구를 찾아가니?

10 그녀는 무엇을 파니?

B 1 A: 그것들은 무엇이니?
　　　B: 그것들은 오렌지이다.

2 A: 그는 누구니?
　　　B: 그는 우리 아버지이시다.

3 A: 저것들은 무엇이니?
　　　B: 그것들은 양이다.

4 A: 그것은 무엇이니?
　　　B: 그것은 내 일기장이다.

5 A: 메이는 누구를 알고 있니?
　　　B: 그녀는 빌리를 알고 있다.

6 A: 그 요리사들은 무엇이 필요하니?
　　　B: 그들은 설탕이 필요하다.

7 A: 제인은 누구를 좋아하니?
　　　B: 그녀는 저스틴을 좋아한다.

8 A: 너는 화요일에 무엇을 하니?
　　　B: 나는 수영장에 간다.

9 A: 그녀는 무엇을 원하니?
　　　B: 그녀는 물을 약간 원한다.

10 A: 네가 좋아하는 가수는 누구니?
　　　B: 내가 좋아하는 가수는 크리스이다.

QUIZ .... 84~85쪽 ★

2 1 who　　　　**2** what
　3 when　　　**4** where
　5 how　　　　**6** why

4 1 be동사　　　**2** 주어
　3 주어　　　　**4** 동사원형
　5 Who　　　　**6** What

★06 의문사 (2)

Check Up 　　　　　　　88쪽 ★

1 what time ——— 몇 시
2 what color ——— 무슨 색
3 what day ——— 무슨 요일

Check Up 　　　　　　　89쪽 ★

1 how many ——— (수가) 얼마나 많은
2 how much ——— (가격이) 얼마
3 how old ——— 몇 살

Grammar Walk 　　　　　90~91쪽 ★

해설 **A 1** A: 지금 몇 시니?
　　　　B: 1시다.

2 A: 지금 몇 시니?
　　　B: 9시다.

3 A: 몇 시니?
　　　B: 3시다.

4 A: 오늘 무슨 요일이니?
　　　B: 화요일이다.

5 A: 오늘 무슨 요일이니?
　　　B: 목요일이다.

6 A: 오늘 무슨 요일이니?
　　　B: 금요일이다.

7 A: 이것은 무슨 색이니?
　　　B: 검은색이다.

8 A: 그 모자는 무슨 색이니?
　　　B: 노란색이다.

9 A: 네 부츠는 무슨 색이니?
　　　B: 파란색이다.

10 A: 그것은 무슨 색이니?
　　　B: 분홍색이다.

B 1 A: 그는 몇 살이니?
　　　B: 여덟 살이다.

2 A: 그들은 몇 살이니?
　　　B: 네 살이다.

3 A: 네 여동생은 몇 살이니?
　　　B: 열 살이다.

4 A: 그 펜은 얼마니?
　　　B: 600원이다.

5 A: 그것은 얼마니?
　　　B: 100원이다.

6 A: 그것들은 얼마니?
　　　B: 2,000원이다.

7 A: 너는 몇 마리의 개를 가지고 있니?
　　　B: 두 마리.

8 A: 빌은 몇 송이의 꽃을 가지고 있니?
　　　B: 네 송이.

9 A: 그는 몇 개의 공을 가지고 있니?

B: 세 개.
10 A: 나는 몇 개의 달걀을 가지고 있니?
   B: 스무 개.

B: 스무 살이시다.
5 A: 벌은 몇 개의 다리를 가지고 있니?
   B: 여섯 개.
6 A: 이 당근들은 얼마니?
   B: 4,000원이다.
7 A: 그들은 몇 마리의 돼지를 가지고 있니?
   B: 열여섯 마리.
8 A: 조앤은 몇 살이니?
   B: 여섯 살이다.
9 A: 그 포도는 얼마니?
   B: 3,000원이다.
10 A: 그들은 몇 살이니?
   B: 열일곱 살이다.

Grammar Run
92~93쪽 ★

A
1 What day
2 What time
3 What color
4 What time
5 What day
6 What color
7 What day
8 What color
9 What time
10 What color

B
1 How old
2 How much
3 How many
4 How old
5 How many
6 How much
7 How many
8 How old
9 How much
10 How old

해설 **A** 1 A: 오늘은 무슨 요일이니?
B: 수요일이다.
2 A: 몇 시니?
B: 10시다.
3 A: 하늘은 무슨 색이니?
B: 파란색이다.
4 A: 지금 몇 시니?
B: 4시다.
5 A: 오늘은 무슨 요일이니?
B: 토요일이다.
6 A: 그 사과는 무슨 색이니?
B: 빨간색이다.
7 A: 오늘은 무슨 요일이니?
B: 목요일이다.
8 A: 그 토끼는 무슨 색이니?
B: 흰색이다.
9 A: 지금 몇 시니?
B: 12시다.
10 A: 그 접시들은 무슨 색이니?
B: 노란색이다.

B 1 A: 그는 몇 살이니?
B: 열세 살이다.
2 A: 그 컵은 얼마니?
B: 2,000원이다.
3 A: 너는 몇 권의 공책을 원하니?
B: 일곱 권.
4 A: 네 삼촌은 몇 살이시니?

Grammar Jump
94~95쪽 ★

A
1 color
2 day
3 time
4 What day
5 What time
6 What color
7 Sunday
8 six o'clock
9 Thursday
10 blue

B
1 How old
2 How much
3 How many
4 robots
5 bananas
6 bats
7 Five thousand won
8 Seventeen
9 Six
10 Ten years old

해설 **A** 1 A: 그 고양이는 무슨 색이니?
B: 검은색이다.
2 A: 오늘은 무슨 요일이니?
B: 토요일이다.
3 A: 지금 몇 시니?
B: 3시다.
4 A: 오늘은 무슨 요일이니?
B: 수요일이다.
5 A: 몇 시니?
B: 2시다.
6 A: 그 블라우스는 무슨 색이니?
B: 초록색이다.
7 A: 오늘은 무슨 요일이니?
B: 일요일이다.
8 A: 지금 몇 시니?
B: 6시다.

9 A: 오늘은 무슨 요일이니?
B: 목요일이다.

10 A: 그의 눈은 무슨 색이니?
B: 파란색이다.

B 1 A: 그의 개는 몇 살이니?
B: 두 살이다.

2 A: 그 재킷은 얼마니?
B: 10달러이다.

3 A: 너는 몇 개의 감자를 가지고 있니?
B: 세 개.

4 A: 그녀는 몇 개의 로봇을 가지고 있니?
B: 열두 개.

5 A: 그는 몇 개의 바나나를 가지고 있니?
B: 스무 개.

6 A: 그 아이들은 몇 개의 야구 방망이를 가지고 있니?
B: 아홉 개.

7 A: 그 수박은 얼마니?
B: 5,000원이다.

8 A: 그들은 몇 마리의 닭을 가지고 있니?
B: 열일곱 마리.

9 A: 그녀는 몇 개의 풍선을 가지고 있니?
B: 여섯 개.

10 A: 그 여자아이들은 몇 살이니?
B: 열 살이다.

3 A: 그 아기들은 몇 살이니?
B: 두 살이다.

4 A: 네 우산은 얼마니?
B: 10달러이다.

5 A: 너는 몇 마리의 물고기를 가지고 있니?
B: 열두 마리.

6 A: 네 사촌은 몇 살이니?
B: 열다섯 살.

7 A: 그 과자는 얼마니?
B: 4달러이다.

8 A: 그녀는 남자 형제가 몇 명이니?
B: 두 명.

9 A: 너는 몇 마리의 돼지를 가지고 있니?
B: 세 마리.

10 A: 그 펭귄은 몇 살이니?
B: 한 살이다.

✪Uiz .... 98~99쪽 ★

2 1 time **2** day
3 color

3 1 월요일 **2** 화요일
3 수요일 **4** 목요일
5 금요일 **6** 토요일
7 일요일 **8** 주말

5 1 old **2** much
3 many

Grammar Fly   96~97쪽 ★

A 1 time **2** day
3 color **4** What day
5 What color **6** What time
7 red **8** six
9 Saturday **10** blue

B 1 old **2** much
3 old **4** How much
5 How many **6** How old
7 much **8** many
9 many **10** old

해설 **B 1** A: 너는 몇 살이니?
B: 일곱 살이다.

2 A: 그 자는 얼마니?
B: 1달러이다.

Review ★ 03   100~103쪽

1 ❷ **2** ❶ **3** ❷
4 ❸ **5** ❸ **6** are
7 is **8** does **9** ❸
10 ❷ **11** ❶ **12** ❶
13 old **14** much **15** many
16 Who **17** What **18** day
19 much **20** old

REVIEW 해설

1 Why는 이유를 물을 때 쓰는 의문사이다.
- ❶ 너는 어떻게 지내니?
- ❷ 너는 왜 그렇게 기분이 좋니?
- ❸ 그것은 어디에 있니?

2 '그들은 내 친구이다.'라고 대답했으므로 누구인지 묻는 Who를 써야 한다.
A: 그들은 누구니?
B: 그들은 내 친구이다.
- ❶ 누구 ❷ 무엇 ❸ 어디에

3 '그는 빨간 모자를 가지고 있다.'라고 대답했으므로 무엇인지 묻는 What을 써야 한다.
A: 홍철이는 무엇을 가지고 있니?
B: 그는 빨간 모자를 가지고 있다.
- ❶ 누구 ❷ 무엇 ❸ 어디에

4 '그것은 하얀색이다.'라고 대답했으므로 색을 묻는 What color를 써야 한다.
A: 저것은 무슨 색이니?
B: 그것은 흰색이다.
- ❶ 몇 시 ❷ 무슨 요일 ❸ 무슨 색

5 '두 개.'라고 대답했으므로 몇 개인지 묻는 How many를 써야 한다.
A: 제시카는 몇 개의 우산을 가지고 있니?
B: 두 개.
- ❶ 몇 살
- ❷ (가격이) 얼마
- ❸ (수가) 얼마나 많은

6 they에 알맞은 be동사는 are이다.
- 그들은 누구니?

7 this에 알맞은 be동사는 is이다.
- 이것은 무엇이니?

8 his sister가 3인칭 단수이고 일반동사 have가 쓰였으므로 does를 써야 한다.
- 그의 누나는 무엇을 가지고 있니?

9 ❸ 요일을 묻는 질문이므로 It's cold.(춥다.)라고 대답하는 것은 어색하다. 「It's+요일.」로 대답해야 한다.
- ❶ A: 그녀는 누구니?
  B: 그녀는 제이슨의 엄마이시다.
- ❷ A: 너는 무엇을 좋아하니?
  B: 나는 원숭이를 좋아한다.

10 ❷ 나이를 묻는 질문이므로 Two hundred won.(200원이다.)이라고 대답하는 것은 어색하다.
- ❶ A: 그녀는 몇 자루의 연필을 가지고 있니?

B: 열세 자루.
- ❸ A: 몇 시니?
  B: 11시다.

11 색깔을 물었으므로 ❶ '흰색이다.'라는 대답이 알맞다.
- 저것은 무슨 색이니?
- ❶ 흰색이다. ❷ 금요일이다. ❸ 7시다.

12 가격을 물었으므로 ❶ '2,000원이다.'라는 대답이 알맞다.
- 이 필통은 얼마니?
- ❶ 2,000원이다. ❷ 두 살이다. ❸ 세 개이다.

13 '열 살이다.'라고 대답하고 있으므로 나이를 묻는 old를 써야 한다.
A: 너는 몇 살이니?
B: 열 살이다.

14 '2,000원이다.'라고 대답하고 있으므로 가격을 묻는 much를 써야 한다.
A: 저 양파들은 얼마니?
B: 2,000원이다.

15 '아홉 자루.'라고 대답하고 있으므로 개수를 묻는 many를 써야 한다.
A: 너는 몇 자루의 펜을 가지고 있니?
B: 아홉 자루.

16 '그는 우리 삼촌이시다.'라고 대답하고 있으므로 누구인지 묻는 who가 와야 한다.
A: 그는 누구니?
B: 그는 우리 삼촌이시다.

17 '그것은 지우개이다.'라고 대답하고 있으므로 무엇인지 묻는 what이 와야 한다.
A: 이것은 무엇이니?
B: 그것은 지우개이다.

18 '토요일이다.'라고 대답하고 있으므로 요일을 묻는 day가 와야 한다.
A: 오늘은 무슨 요일이니?
B: 토요일이다.

19 '2달러이다.'라고 대답하고 있으므로 가격을 묻는 much가 와야 한다.
A: 이 공책은 얼마니?
B: 2달러이다.

20 '열한 살이다.'라고 대답하고 있으므로 나이를 묻는 old가 와야 한다.
A: 그녀는 몇 살이니?
B: 열한 살이다.

✪07 현재 진행형

Check Up
106쪽

1 I am reading a book.
2 He is teaching English.
3 We are studying hard.
4 They are going to school.

해설
1 나는 책을 읽고 있다.
  나는 책을 읽는다.
2 그는 영어를 가르친다.
  그는 영어를 가르치고 있다.
3 우리는 열심히 공부하고 있다.
  우리는 열심히 공부한다.
4 그들은 학교에 다닌다.
  그들은 학교에 가고 있다.

Check Up
107쪽

| 1 O | 2 X | 3 O | 4 O |
| 5 O | 6 X | 7 O | 8 O |

해설
1 자르다
2 죽다
3 먹다
4 운전하다
5 하다
6 만들다
7 멈추다
8 묶다

Grammar Walk
108~109쪽

해설 A 1 나는 걷고 있다.
2 너는 점프하고 있다.
3 그녀는 달리고 있다.
4 그것들은 날고 있다.
5 샘은 학교에 가고 있다.
6 샐리는 집에 오고 있다.
7 우리 오빠는 이야기를 읽고 있다.
8 우리 아빠는 이야기를 쓰고 계신다.
9 그 여자아이들은 수학을 공부하고 있다.
10 제시카는 수학을 가르치고 있다.

B 1 자다   2 먹다
3 만들다   4 타다
5 수영하다 6 자르다
7 듣다   8 열다
9 묶다   10 죽다

Grammar Run
110~111쪽

A 1 am washing   2 are jumping
3 are eating   4 is cooking
5 is going   6 is tying
7 is reading   8 are making
9 are listening 10 are sitting

B 1 do — -ing — doing
2 drive — -e를 없애고 -ing — driving
3 drink — -ing — drinking
4 make — -e를 없애고 -ing — making
5 open — -ing — opening
6 hop — 자음을 한 번 더 쓰고 -ing — hopping
7 lie — -ie를 -y로 고치고 -ing — lying
8 tie — -ie를 -y로 고치고 -ing — tying
9 cut — 자음을 한 번 더 쓰고 -ing — cutting
10 sit — 자음을 한 번 더 쓰고 -ing — sitting

해설 A 1 나는 손을 씻고 있다.
2 우리는 줄넘기를 하고 있다.
3 너는 피자를 먹고 있다.
4 그는 지금 요리하고 있다.
5 그녀는 공원에 가고 있다.
6 에디슨은 자신의 신발 끈을 묶고 있다.
7 그는 만화책을 읽고 있다.
8 우리 엄마와 나는 과자를 만들고 있다.
9 그들은 음악을 듣고 있다.
10 우리 오빠들은 벤치에 앉아 있다.

B	1 하다		2 운전하다	
	3 마시다		4 만들다	
	5 열다		6 깡충깡충 뛰다	
	7 거짓말하다		8 묶다	
	9 자르다		10 앉다	

Grammar Jump

112~113쪽

A
1 coming	2 crying
3 sitting	4 singing
5 eating	6 running
7 closing	8 opening
9 driving	10 tying

B
1 playing	2 drawing
3 doing	4 riding
5 lying	6 opening
7 cutting	8 driving
9 drinking	10 hopping

해설 **A**
1 오다	2 울다
3 앉다	4 노래하다
5 먹다	6 달리다
7 닫다	8 열다
9 운전하다	10 묶다

B
1 나는 야구를 하고 있다.
2 그녀는 그림을 그리고 있다.
3 그는 숙제를 하고 있다.
4 우리는 자전거를 타고 있다.
5 그들은 거짓말을 하고 있다.
6 내 여동생은 창문을 열고 있다.
7 그의 엄마는 케이크를 자르고 있다.
8 네 아버지는 차를 운전하고 계신다.
9 그 남자아이들은 주스를 마시고 있다.
10 캥거루 몇 마리가 깡충깡충 뛰고 있다.

Grammar Fly

114~115쪽

A
1 running	2 listening
3 sleeping	4 trying

5 doing	6 dying
7 driving	8 cutting
9 making	10 riding
11 crying	12 closing
13 sitting	14 tying
15 eating	16 swimming
17 opening	18 lying
19 stopping	20 singing

B
1 am listening
2 are opening
3 is doing
4 are making
5 are sitting
6 is riding
7 is lying
8 is tying
9 are swimming
10 are eating

해설 **A**
1 달리다	2 듣다
3 잠자다	4 시도하다
5 하다	6 죽다
7 운전하다	8 자르다
9 만들다	10 타다
11 울다	12 닫다
13 앉다	14 묶다
15 먹다	16 수영하다
17 열다	18 거짓말하다
19 멈추다	20 노래하다

QUIZ

116~117쪽

2
1 am	2 are
3 is	4 are
5 are	6 are

4
1 sleeping	2 stopping
3 cutting	4 making
5 riding	6 lying
7 dying	

08 현재 진행형의 부정문과 의문문

Check Up
120쪽

1 He is dancing. ———— b
2 He is not dancing. ———— a
3 You aren't singing. ———— c
4 You are singing. ———— d

Check Up
121쪽

1 Are they crying? ———— b
2 He is running. ———— a
3 She is reading a book. ———— a
4 Are you cooking? ———— b

해설 1 그들은 울고 있니?
  2 그는 달리고 있다.
  3 그녀는 책을 읽고 있다.
  4 너는 요리를 하고 있니?

Grammar Walk
122~123쪽

해설 A 1 나는 수영을 하고 있지 않다.
  2 너는 줄넘기를 하고 있지 않다.
  3 너는 열심히 공부하고 있지 않다.
  4 우리는 음악을 듣고 있지 않다.
  5 그들은 피아노를 치고 있지 않다.
  6 그녀는 책을 읽고 있지 않다.
  7 그는 춤을 추고 있지 않다.
  8 그것은 자고 있지 않다.
  9 아빠는 그 상자를 열고 있지 않다.
  10 루시와 폴은 케이크를 굽고 있지 않다.

B 1 A: 너는 자고 있니?
    B: 아니, 그렇지 않아.
  2 A: 그녀는 점프하고 있니?
    B: 응, 그래.
  3 A: 그는 가고 있니?
    B: 아니, 그렇지 않아.
  4 A: 너희는 먹고 있니?
    B: 아니, 그렇지 않아.

5 A: 그것들은 날고 있니?
  B: 응, 그래.
6 A: 너는 오고 있니?
  B: 응, 그래.
7 A: 그녀는 거짓말을 하고 있니?
  B: 아니, 그렇지 않아.
8 A: 너희는 울고 있니?
  B: 응, 그래.
9 A: 그 남자아이들은 읽고 있니?
  B: 아니, 그렇지 않아.
10 A: 팀은 미소 짓고 있니?
  B: 응, 그래.

Grammar Run
124~125쪽

A 1 am not reading
  2 are not counting
  3 is not playing
  4 is not sleeping
  5 are not dancing
  6 isn't skating
  7 aren't making
  8 isn't hopping
  9 aren't riding
  10 isn't cutting

B 1 No   2 Yes   3 No
  4 Yes   5 No   6 they
  7 we   8 he   9 she
  10 she

해설 A 1 나는 만화책을 읽고 있지 않다.
  2 너는 숫자를 세고 있지 않다.
  3 그는 농구를 하고 있지 않다.
  4 그녀는 침대 위에서 자고 있지 않다.
  5 우리는 춤을 추고 있지 않다.
  6 그는 스케이트를 타고 있지 않다.
  7 그들은 피자를 만들고 있지 않다.
  8 그것은 깡충깡충 뛰고 있지 않다.
  9 그들은 자전거를 타고 있지 않다.
  10 그녀는 수박을 자르고 있지 않다.

B 1 A: 너는 파이를 먹고 있니?
    B: 아니, 그렇지 않아.
  2 A: 그녀는 그 게임을 하고 있니?

B: 응, 그래.

3 A: 그는 양파를 자르고 있니?
　 B: 아니, 그렇지 않아.

4 A: 그것은 점프하고 있니?
　 B: 응, 그래.

5 A: 그들은 샌드위치를 만들고 있니?
　 B: 아니, 그렇지 않아.

6 A: 그것들은 날고 있니?
　 B: 응, 그래.

7 A: 너희는 수영장에 가고 있니?
　 B: 응, 그래.

8 A: 그는 거짓말을 하고 있니?
　 B: 아니, 그렇지 않아.

9 A: 그녀는 공을 잡고 있니?
　 B: 응, 그래.

10 A: 제인은 개구리를 그리고 있니?
　 B: 아니, 그렇지 않아.

Grammar Jump
126~127쪽

A 1 am not making
　 2 are not walking
　 3 is not skiing
　 4 is not swimming
　 5 are not drinking
　 6 aren't running
　 7 aren't pushing
　 8 isn't cleaning
　 9 aren't playing
　 10 I'm not riding

B 1 Are you playing
　 2 Is she driving
　 3 Is he reading
　 4 Is it running
　 5 Are you
　 6 they are
　 7 I'm not
　 8 he isn't
　 9 it is
　 10 they aren't

해설 **A** 1 나는 눈사람을 만들고 있지 않다.
　 2 너는 걷고 있지 않다.
　 3 그녀는 스키를 타고 있지 않다.
　 4 그것은 헤엄치고 있지 않다.
　 5 우리는 우유를 마시고 있지 않다.
　 6 너는 빠르게 달리고 있지 않다.
　 7 그들은 문을 밀고 있지 않다.
　 8 그는 방을 청소하고 있지 않다.
　 9 엄마와 아빠는 배드민턴을 치고 계시지 않다.
　 10 나는 말을 타고 있지 않다.

B 1 A: 너는 축구를 하고 있니?
　 B: 응, 그래.

2 A: 그녀는 차를 조심해서 운전하고 있니?
　 B: 아니, 그렇지 않아.

3 A: 그는 책을 읽고 있니?
　 B: 응, 그래.

4 A: 그것은 빠르게 달리고 있니?
　 B: 아니, 그렇지 않아.

5 A: 너희는 TV를 보고 있니?
　 B: 응, 그래.

6 A: 그들은 음악을 듣고 있니?
　 B: 응, 그래.

7 A: 너는 집에 오고 있니?
　 B: 아니, 그렇지 않아.

8 A: 그는 교회에 가고 있니?
　 B: 아니, 그렇지 않아.

9 A: 그 소는 먹고 있니?
　 B: 응, 그래.

10 A: 잭과 수잔은 행복하게 미소 짓고 있니?
　 B: 아니, 그렇지 않아.

Grammar Fly
128~129쪽

A 1 am not walking
　 2 are not swimming
　 3 is not flying
　 4 is not wearing
　 5 are not going
　 6 isn't eating
　 7 aren't jumping
　 8 isn't reading
　 9 aren't sleeping
　 10 aren't sitting

B 1 Are you working
  2 Is she drinking
  3 Is he making
  4 Are they meeting
  5 Is it sleeping
  6 Are you washing
  7 Is Nancy doing
  8 Is Siwon helping
  9 Is the fish swimming
 10 Are the girls counting

해설 **A** 1 나는 걷고 있다. → 나는 걷고 있지 않다.
  2 너는 수영을 하고 있다.
    → 너는 수영을 하고 있지 않다.
  3 그녀는 연을 날리고 있다.
    → 그녀는 연을 날리고 있지 않다.
  4 그는 그 셔츠를 입고 있다.
    → 그는 그 셔츠를 입고 있지 않다.
  5 그들은 학교에 가고 있다.
    → 그들은 학교에 가고 있지 않다.
  6 그것은 나뭇잎들을 먹고 있다.
    → 그것은 나뭇잎들을 먹고 있지 않다.
  7 그들은 줄넘기를 하고 있다.
    → 그들은 줄넘기를 하고 있지 않다.
  8 그는 신문을 읽고 있다.
    → 그는 신문을 읽고 있지 않다.
  9 내 고양이들은 자고 있다.
    → 내 고양이들은 자고 있지 않다.
 10 수와 나는 벤치에 앉아 있다.
    → 수와 나는 벤치에 앉아 있지 않다.

  B 1 너는 정원에서 일하고 있다.
    → 너는 정원에서 일하고 있니?
  2 그녀는 물을 마시고 있다.
    → 그녀는 물을 마시고 있니?
  3 그는 샌드위치를 만들고 있다.
    → 그는 샌드위치를 만들고 있니?
  4 그들은 친구들을 만나고 있다.
    → 그들은 친구들을 만나고 있니?
  5 그것은 바구니 안에서 자고 있다.
    → 그것은 바구니 안에서 자고 있니?
  6 너는 설거지를 하고 있다.
    → 너는 설거지를 하고 있니?
  7 낸시는 숙제를 하고 있다.
    → 낸시는 숙제를 하고 있니?
  8 시원이는 자신의 어머니를 돕고 있다.
    → 시원이는 자신의 어머니를 돕고 있니?

  9 그 물고기는 강에서 헤엄치고 있다.
    → 그 물고기는 강에서 헤엄치고 있니?
 10 그 여자아이들은 당근을 세고 있다.
    → 그 여자아이들은 당근을 세고 있니?

QUIZ .... 130~131쪽 ★

2 1 am not   2 are not
  3 is not   4 are not
  5 are not   6 are not

4 1 Yes   2 Are
  3 I   4 Is
  5 Yes   6 isn't
  7 are   8 No

REVIEW · **04**   132~135쪽

1 ❷   2 ❸   3 ❸
4 ❷   5 ❶   6 ❷
7 ❶   8 ❶   9 ❸
10 ❸   11 ❶   12 ❶
13 ❷   14 ❸   15 ❶
16 not listening   17 coming
18 is not singing   19 Is, dancing
20 Are, flying

REVIEW 해설

1 ❶ do 하다 – doing
  ❷ make 만들다 – making
  ❸ cut 자르다 – cutting

2 ❶ tie 묶다 – tying
  ❷ open 열다 – opening
  ❸ sit 앉다 – sitting

3 의미상 현재 진행형이 와야 한다. They가 주어이므로 be동사 are를 써서 are going이 되어야 한다.

4 주어가 3인칭 단수인 My sister이므로 be동사 is를 써서 is playing이 되어야 한다.

5 주어가 3인칭 단수인 Mary이므로 be동사 is를 써서 is reading이 되어야 한다.

6 He's는 He is의 줄임말이므로 빈칸에는 「동사원형-ing」형이 와야 한다. ride는 -e를 빼고 -ing를 붙여 riding이라고 써야 한다.
- 그는 자전거를 타고 있다.

7 앞에 be동사 are가 있으므로 현재 진행형의 문장이 되어야 한다. 따라서 sleep에 -ing를 붙여 sleeping이라고 써야 한다.
- 그 개들은 벤치에서 자고 있다.

8 ❷의 write는 writing으로 고쳐야 하고 ❸은 주어가 The boys이므로 is가 아닌 are를 써야 한다.
❶ 그녀는 그림을 그리고 있다.
❷ We are writing stories. 우리는 이야기를 쓰고 있다.
❸ The boys are drinking juice. 그 남자아이들은 주스를 마시고 있다.

9 ❶에서 smile은 -e를 빼고 -ing를 붙여 smiling으로 써야 하고 ❷에서 listen은 -ing를 붙여 listening이라고 써야 한다.
❶ She is smiling happily. 그녀는 행복하게 미소 짓고 있다.
❷ I am listening to music. 나는 음악을 듣고 있다.
❸ 주디는 거짓말을 하고 있다.

10 ❸에서 현재 진행형은 「be동사+동사원형-ing」이므로 don't가 아닌 aren't가 와야 한다.
❶ 찬호는 야구를 하고 있지 않다.
❷ 우리는 눈사람을 만들고 있지 않다.
❸ You aren't sitting on the sofa. 너는 소파 위에 앉아 있지 않다.

11 ❶에서 you에 해당하는 be동사는 Is가 아닌 Are이다.
❶ Are you catching the ball? 너는 공을 받고 있니?
❷ 너는 컴퓨터 게임을 하고 있니?
❸ 그는 양파를 자르고 있니?

12 대답이 Yes, I am.이므로 Are you로 물어야 한다.
A: 너는 차를 운전하고 있니?
B: 응, 그래.

13 대답이 No, he isn't.이므로 Is he로 물어야 한다.
A: 그는 피아노를 치고 있니?
B: 아니, 그렇지 않아.

14 Is your grandma ~?로 물었고 대답이 No이므로 she isn't가 와야 한다.
A: 네 할머니는 요리를 하고 계시니?
B: 아니, 그렇지 않아.

15 ❶ 의문문의 주어가 your sisters로 복수이므로 they로 대답해야 한다.
❶ A: 네 여동생들은 피자를 먹고 있니?

B: Yes, they are. 응, 그래.
❷ A: 그는 TV를 보고 있니?
B: 아니, 그렇지 않아.
❸ A: 그 소들은 먹고 있니?
B: 응, 그래.

16 현재 진행형의 부정문이므로 not listening이 와야 한다.

17 come은 e를 빼고 -ing를 붙여 coming이라고 써야 한다.

18 주어 Beethoven이 3인칭 단수이므로 be동사 is를 써서 is not singing이 되어야 한다.

19 주어 Mike가 3인칭 단수이므로 Is와 dancing이 와야 한다.

20 주어 the birds가 복수이므로 Are와 flying이 와야 한다.

★09 조동사 can

Check Up 138쪽

| 1 | ~할 수 있다 | 2 | ~할 수 없다 |
| 3 | ~할 수 있다 | 4 | ~할 수 없다 |

해설 1 그들은 운전할 수 있다.
2 그들은 운전할 수 없다.
3 그녀는 테니스를 칠 수 있다.
4 그녀는 테니스를 칠 수 없다.

Check Up 139쪽

Can you do it?
Can he play baseball?
Can they write?

해설 Can you do it? 너는 그것을 할 수 있니?
I can do it. 나는 그것을 할 수 있다.
Can he play baseball? 그는 야구를 할 수 있니?
He can play baseball. 그는 야구를 할 수 있다.
They can write. 그들은 쓸 수 있다.
Can they write? 그들은 쓸 수 있니?

Grammar Walk
140~141쪽

7 can't 8 can't 9 can
10 can

해설 A 1 나는 피아노를 칠 수 있다.
2 너는 매우 빨리 걸을 수 있다.
3 그는 그 차를 고칠 수 있다.
4 그것은 빨리 달릴 수 있다.
5 우리는 스케이트를 잘 탈 수 있다.
6 오리는 날지 못한다.
7 우리는 영어를 읽지 못한다.
8 브리트니는 스키를 타지 못한다.
9 잭은 줄넘기를 하지 못한다.
10 내 친구들은 산을 오르지 못한다.

B 1 A: 너는 골프를 칠 수 있니?
   B: 응, 할 수 있어.
2 A: 그녀는 차를 운전할 수 있니?
   B: 아니, 못해.
3 A: 그는 공을 찰 수 있니?
   B: 응, 할 수 있어.
4 A: 그들은 점프할 수 있니?
   B: 아니, 못해.
5 A: 그것은 나무를 올라갈 수 있니?
   B: 응, 할 수 있어.
6 A: 그는 수를 셀 수 있니?
   B: 아니, 못해.
7 A: 그들은 쏠 수 있니?
   B: 응, 할 수 있어.
8 A: 톰은 김밥을 만들 수 있니?
   B: 응, 할 수 있어.
9 A: 네 여동생은 다이빙을 할 수 있니?
   B: 아니, 못해.
10 A: 그 아이들은 체스를 둘 수 있니?
    B: 아니, 못해.

해설 A 1 나는 스케이트를 잘 탈 수 있다.
2 너는 공을 던질 수 있다.
3 그는 피자를 만들 수 있다.
4 그녀는 연을 날릴 수 있다.
5 우리는 그 질문들에 대답할 수 있다.
6 우리 엄마는 트럭을 운전하지 못하신다.
7 뱀은 듣지 못한다.
8 그들은 야구를 하지 못한다.
9 내 남동생은 태권도를 하지 못한다.
10 크리스와 브라이언은 노래를 잘하지 못한다.

B 1 A: 너는 눈사람을 만들 수 있니?
   B: 아니, 못해.
2 A: 그녀는 첼로를 켤 수 있니?
   B: 응, 할 수 있어.
3 A: 그는 일본어를 말할 수 있니?
   B: 아니, 못해.
4 A: 그것은 날 수 있니?
   B: 응, 할 수 있어.
5 A: 그들은 말을 탈 수 있니?
   B: 아니, 못해.
6 A: 그들은 수영할 수 있니?
   B: 응, 할 수 있어.
7 A: 너희는 스키를 탈 수 있니?
   B: 아니, 못해.
8 A: 밥은 자전거를 탈 수 있니?
   B: 아니, 못해.
9 A: 네 엄마는 노래를 잘 부르실 수 있니?
   B: 응, 할 수 있어.
10 A: 그 농부들은 춤을 잘 출 수 있니?
    B: 응, 할 수 있어.

Grammar Run
142~143쪽

A 1 can   2 can
  3 can   4 can
  5 can   6 cannot
  7 cannot   8 cannot
  9 can't   10 can't

B 1 No   2 Yes   3 No
  4 Yes   5 No   6 can

Grammar Jump
144~145쪽

A 1 make   2 play
  3 fix   4 swim
  5 wash   6 jump
  7 play   8 sing
  9 drive   10 fly

B 1 Can you   2 Can she
  3 Can he   4 Can it

5 Can the monkeys
6 speak   7 play
8 sing   9 swim
10 dance

해설   A   1 나는 샌드위치를 만들 수 있다.
2 너는 바이올린을 켤 수 있다.
3 그녀는 컴퓨터를 고칠 수 있다.
4 그것은 헤엄을 잘 칠 수 있다.
5 우리는 설거지를 할 수 있다.
6 너는 줄넘기를 하지 못한다.
7 그들은 플루트를 불지 못한다.
8 우리 아빠는 노래를 잘 못 부르신다.
9 그 요리사는 차를 운전하지 못한다.
10 펭귄은 날지 못한다.

B   1 A: 너는 축구를 할 수 있니?
    B: 응, 할 수 있어.
2 A: 그녀는 쿠키를 만들 수 있니?
    B: 아니, 못해.
3 A: 그는 일본어를 읽을 수 있니?
    B: 응, 할 수 있어.
4 A: 그것은 높이 날 수 있니?
    B: 아니, 못해.
5 A: 그 원숭이들은 그림을 그릴 수 있니?
    B: 응, 할 수 있어.
6 A: 그들은 영어를 말할 수 있니?
    B: 응, 할 수 있어.
7 A: 너는 배드민턴을 칠 수 있니?
    B: 아니, 못해.
8 A: 샐리는 그 노래를 할 수 있니?
    B: 아니, 못해.
9 A: 그 물고기는 빨리 헤엄칠 수 있니?
    B: 응, 할 수 있어.
10 A: 그 여자아이들은 춤을 잘 출 수 있니?
    B: 아니, 못해.

6 cannot(=can't) jump
7 cannot(=can't) run
8 cannot(=can't) make
9 cannot(=can't) fly
10 cannot(=can't) swim

B   1 cannot(=can't) draw
2 cannot(=can't) answer
3 cannot(=can't) play
4 cannot(=can't) swim
5 cannot(=can't) run
6 Can you play
7 Can Rebecca drive
8 Can your brother lift
9 Can the zebras fly?
10 Can they make

해설   B   1 너는 염소를 그릴 수 있다.
    → 너는 염소를 그리지 못한다.
2 그녀는 그 질문에 대답할 수 있다.
    → 그녀는 그 질문에 대답하지 못한다.
3 그는 첼로를 켤 수 있다.
    → 그는 첼로를 켜지 못한다.
4 그들은 수영을 잘할 수 있다.
    → 그들은 수영을 잘하지 못한다.
5 그것은 빨리 달릴 수 있다.
    → 그것은 빨리 달리지 못한다.
6 너는 배구를 할 수 있다.
    → 너는 배구를 할 수 있니?
7 리베카는 소방차를 운전할 수 있다.
    → 리베카는 소방차를 운전할 수 있니?
8 네 오빠는 그 상자를 들어올릴 수 있다.
    → 네 오빠는 그 상자를 들어올릴 수 있니?
9 그 얼룩말들은 날 수 있다.
    → 그 얼룩말들은 날 수 있니?
10 그들은 김치를 만들 수 있다.
    → 그들은 김치를 만들 수 있니?

Grammar Fly
146~147쪽

A   1 can write
2 can play
3 can carry
4 can read
5 can catch

QUIZ
148~149쪽

2   1 can   2 동사원형
3 can   4 can't
5 동사원형   6 cannot
7 can't

4 1 you   2 Yes
   3 can't   4 can
   5 No

★10 명령문

Check Up
152쪽

1 Run fast. ——— 명령문
2 He runs fast. ——— 평서문
3 Speak loudly. ——— 명령문
4 They speak loudly. ——— 평서문

해설 1 빨리 달려라.
  2 그는 빨리 달린다.
  3 큰 소리로 말해라.
  4 그들은 큰 소리로 말한다.

Check Up
153쪽

1 Let's go. ——— 제안하는 말
2 Don't be sad. ——— 금지하는 말
3 Let's play soccer. ——— 제안하는 말
4 Don't open the box. ——— 금지하는 말

해설 1 가자.
  2 슬퍼하지 마라.
  3 축구를 하자.
  4 그 상자를 열지 마라.

Grammar Walk
154~155쪽

해설 A 1 들어와라.
  2 눈을 떠라.
  3 일찍 일어나라.
  4 일찍 자라.
  5 조심해라.
  6 친절해라.
  7 천천히 말해 주세요.

  8 그 공을 내게 건네주세요.
  9 일어서세요.
  10 앉으세요.

B 1 울지 마라.
  2 걱정 마라.
  3 큰 소리로 말하지 마라.
  4 슬퍼하지 마라.
  5 바보같이 굴지 마라.

C 1 A: 수영하러 가자.
    B: 좋아!
  2 A: 샌드위치를 만들자.
    B: 응!
  3 A: 체스를 두자.
    B: 그래.
  4 A: 줄넘기를 하자.
    B: 좋아.
  5 A: 같이 노래하자.
    B: 그래.

Grammar Run
156~157쪽

A 1 Be   2 Drink
  3 Be   4 Open
  5 Study   6 Wake
  7 Wash   8 Do
  9 listen   10 Close

B 1 Don't move   2 Don't eat
  3 Don't be   4 Don't chew
  5 Don't cry

C 1 Let's go   2 Let's take
  3 Let's fly   4 Let's study
  5 Let's go

해설 A 1 행복해라.
  2 우유를 조금 마셔라.
  3 네 남동생에게 친절하게 대해라.
  4 창문을 열어라.
  5 열심히 공부해라.
  6 일어나세요.
  7 세수를 해라.
  8 숙제를 해라.

9 내 말을 들어 보세요.

10 문을 닫아 주세요.

B 1 움직이지 마라.

2 단것을 먹지 마라.

3 게으름 피우지 마라.

4 수업 시간에 껌을 씹지 마라.

5 울지 마라.

C 1 A: 하이킹 가자.
   B: 알았어!

2 A: 택시를 타자.
   B: 좋아.

3 A: 연을 날리자.
   B: 응.

4 A: 영어 공부를 하자.
   B: 좋아.

5 A: 수영하러 가자.
   B: 그래.

B 1 미안해하지 마라.

2 여기에서 수영하지 마라.

3 두려워하지 마라.

4 그 꽃병을 만지지 마라.

5 그 버스를 타지 마라.

6 A: 자전거를 타자.
   B: 알았어!

7 A: 배드민턴을 치자.
   B: 응!

8 A: 숙제를 하자.
   B: 그래.

9 A: 집을 청소하자.
   B: 좋아.

10 A: 원숭이를 그리자.
   B: 그래.

Grammar Jump
158~159쪽

A 1 Wash   2 Catch
3 Clean   4 Be
5 Listen   6 Be
7 read   8 have
9 Answer   10 Close

B 1 be   2 swim
3 be   4 touch
5 take   6 ride
7 play   8 do
9 clean   10 draw

해설 **A** 1 손을 씻어라.
2 그 공을 잡아라.
3 네 방을 청소해라.
4 착한 남자아이가 되어라.
5 네 선생님 말씀을 잘 들어라.
6 수업 시간에 조용히 해라.
7 천천히 읽으세요.
8 쿠키 좀 드세요.
9 제 질문에 대답해 주세요.
10 창문을 닫아 주세요.

Grammar Fly
160~161쪽

A 1 Jump   2 Exercise
3 Wash   4 Be
5 Put on   6 Be
7 write   8 have
9 Fix   10 Listen

B 1 Don't shout   2 Don't run
3 Don't be   4 Don't sit
5 Don't open

C 1 Let's take   2 Let's go
3 Let's have   4 Let's help
5 Let's dance

해설 **B** 1 여기에서 소리지르지 마라.
2 수영장에서 달리지 마라.
3 화내지 마라.
4 그 벤치에 앉지 마라.
5 상자를 열지 마라.

C 1 A: 산책을 하자.
   B: 그래.

2 A: 캠핑하러 가자.
   B: 좋아.

3 A: 저녁을 먹자.
   B: 알았어!

4　A: 그녀를 도와주자.
　　B: 응!
5　A: 함께 춤추자.
　　B: 좋아.

★QUIZ .... 162~163쪽★

2. 1　Be　　　　　　2　동사원형
　3　please

4. 1　Don't　　　　2　Let's
　3　Sure[Yes]　　4　right

★REVIEW ★ 05　　164~167쪽

1　can't	2　can	3　❶
4　❷	5　❶	6　Can he
7　it can't	8　they can	9　❸
10　❶	11　❶	12　❷
13　❶	14　❷	15　❸
16　sit	17　Let's sing	18　Get
19　Don't play	20　Let's go	

REVIEW 해설

1　그림의 상황으로 보아 수영을 못하므로 '～할 수 없다'는
　뜻의 can't가 알맞다.
　• 나는 수영을 못한다.

2　그림의 상황으로 보아 캥거루는 점프를 할 수 있으므로
　'～할 수 있다'는 뜻의 can이 알맞다.
　• 그것은 점프를 할 수 있다.

3　'～할 수 있다'는 뜻의 조동사 can 뒤에는 동사원형인
　speak가 알맞다.
　• 그들은 한국어를 잘 말할 수 있다.

4　'～할 수 없다'는 뜻의 can't 뒤에는 동사원형인 ride가
　알맞다.
　• 폴리는 자전거를 타지 못한다.

5　'～할 수 없다'는 뜻의 can't 뒤에는 동사원형인 play가
　알맞다.
　• 그는 축구를 하지 못한다.

6　Yes, he can.이라는 대답으로 보아 Can으로 시작하는
　의문문이어야 한다. 그리고 대답의 주어가 he이므로 의
　문문의 주어 역시 3인칭 단수이면서 남성이어야 한다. 따
　라서 Can he가 알맞다.
　A: 그는 그림을 그릴 수 있니?
　B: 응, 할 수 있어.

7　No로 보아 부정의 대답이므로 조동사는 can't가 와야
　하고, 의문문의 주어가 3인칭 단수명사인 the tiger이므
　로 it으로 대답해야 한다. 따라서 it can't가 알맞다.
　A: 그 호랑이는 헤엄칠 수 있니?
　B: 아니, 못해.

8　Yes로 보아 긍정의 대답이므로 조동사는 can이 와야
　하고, 의문문의 주어가 복수명사인 those boys이므로
　they로 대답해야 한다. 따라서 they can이 알맞다.
　A: 저 남자아이들은 연을 날릴 수 있니?
　B: 응, 할 수 있어.

9　상대방에게 '～해라' 하고 지시하는 명령문은 동사원형으
　로 시작한다. am, are, is의 동사원형은 be이므로 빈칸
　에 알맞은 말은 Be이다.

10　상대방에게 '～해라' 하고 지시하는 명령문은 동사원형
　으로 시작한다. 따라서 Close가 알맞다.

11　'～하지 마라'라는 부정 명령문은 don't 뒤에 동사원형
　을 쓴다. 따라서 동사원형인 sit이 알맞다.
　• 여기에 앉지 마시오.

12　'～하지 마라'라는 부정 명령문은 don't 뒤에 동사원형
　을 쓴다. 따라서 동사원형인 swim이 알맞다.
　• 여기에서 수영하지 마시오.

13　'～하자' 하고 제안할 때는 let's 뒤에 동사원형을 쓴다.
　따라서 빈칸에는 동사원형인 run이 알맞다.
　A: 빨리 달리자.
　B: 좋아.

14　'～하자' 하고 제안할 때는 let's 뒤에 동사원형을 쓴다.
　따라서 빈칸에는 동사원형인 help가 알맞다.
　A: 그를 도와주자.
　B: 그래.

15　'～하자' 하고 제안할 때는 let's 뒤에 동사원형을 쓴다.
　따라서 빈칸에는 동사원형인 make가 알맞다.
　A: 눈사람을 만들자.
　B: 그래!

16　상대방에게 지시하는 문장이므로 동사원형을 쓰고,
　'앉다'라는 뜻의 동사는 sit이므로 빈칸에는 sit을 써야
　한다.

17 '~하자' 하고 제안할 때는 「Let's+동사원형」을 쓰고, '노래 부르다'라는 뜻의 동사는 sing이므로 빈칸에는 Let's sing을 써야 한다.

18 상대방에게 지시하는 문장이므로 동사원형을 쓰고, '일어나다'라는 뜻의 동사는 get up이므로 빈칸에는 Get을 써야 한다.

19 상대방에게 '~하지 마라' 하고 지시하는 문장이므로 「Don't+동사원형」을 쓰고, '(게임 등을) 하다'는 뜻의 동사는 play이므로 빈칸에는 Don't play를 써야 한다.

20 '~하자' 하고 제안할 때는 「Let's+동사원형」을 쓰고, '가다'라는 뜻의 동사는 go이므로 빈칸에는 Let's go를 써야 한다.

Grammar, ZAP!

ANSWER KEY

입문 2

CHUNJAE EDUCATION, INC.

01	**sing** 통 노래하다	I sing well. 니는 노래를 잘한나.
02	**well** 부 잘, 좋게	You dance well. 너는 춤을 잘 춘다
03	**run** 통 달리다	He runs fast. 그는 빨리 달린다.
04	**jump** 통 뛰다, 점프하다	She jumps high. 그녀는 높이 뛴다.
05	**swim** 통 수영하다, 헤엄치다	We swim well. 우리는 수영을 잘한다.
06	**math** 명 수학	They like math. 그들은 수학을 좋아한다.
07	**go** 통 가다	Oscar goes to school. 오스카는 학교에 다닌다.
08	**teach** 통 가르치다	His dad teaches math. 그의 아빠는 수학을 가르치신다.
09	**fix** 통 수리하다	His mom fixes cars. 그의 엄마는 차를 수리하신다.
10	**fly** 통 날다	The bird flies fast. 그 새는 빨리 난다.

01	**wash** 동 씻다	The cat washes its face. 그 고양이는 자기 얼굴을 씻는다.
02	**face** 명 얼굴	I wash my face. 나는 세수한다.
03	**hate** 동 몹시 싫어하다	You hate grapes. 너는 포도를 몹시 싫어한다.
04	**come** 동 오다	We come late. 우리는 늦게 온다.
05	**read** 동 읽다	They read books. 그들은 책을 읽는다.
06	**write** 동 쓰다	They write books. 그들은 책을 쓴다.
07	**study** 동 공부하다	Edna studies math. 에드나는 수학을 공부한다.
08	**slowly** 부 느리게, 천천히	The bird flies slowly. 그 새는 천천히 난다.
09	**duck** 명 오리	A farmer has five ducks. 한 농부가 오리 다섯 마리를 가지고 있다.
10	**story** 명 이야기	She writes stories. 그녀는 이야기를 쓴다.

 일반동사

𝄞 다음 영어 단어에 알맞은 우리말 뜻을 빈칸에 쓰세요.

01 **sing**

02 **well**

03 **run**

04 **jump**

05 **swim**

06 **math**

07 **go**

08 **teach**

09 **fix**

10 **fly**

〰 다음 우리말 뜻에 알맞은 영어 단어를 빈칸에 쓰세요.

01 씻다 _____

02 얼굴 _____

03 몹시 싫어하다 _____

04 오다 _____

05 읽다 _____

06 쓰다 _____

07 공부하다 _____

08 느리게, 천천히 _____

09 오리 _____

10 이야기 _____

01	**flute** 몡 플루트	We do not play the flute. 우리는 플루트를 불지 않는다.
02	**carrot** 몡 당근	Do you like carrots? 너는 당근을 좋아하니?
03	**look** 동 ~하게 보이다	Do I look pretty? 내가 예뻐 보이니?
04	**zoo** 몡 동물원	I don't go to the zoo. 나는 동물원에 가지 않는다.
05	**wing** 몡 날개	They don't have wings. 그들은 날개를 가지고 있지 않다.
06	**need** 동 필요로 하다	The girls don't need sugar. 그 여자아이들은 설탕이 필요 없다.
07	**salt** 몡 소금	Their mom doesn't need salt. 그들의 엄마는 소금이 필요 없다.
08	**comic book** 만화책	Do you read comic books? 너는 만화책을 읽니?
09	**clean** 동 청소하다	Do they clean their rooms? 그들은 자기들 방을 청소하니?
10	**eat** 동 먹다	Does a spider eat worms? 거미는 벌레를 먹니?

01	**worm** 명 벌레	Does a chicken eat worms? 닭은 벌레들을 먹니?
02	**help** 통 돕다	He doesn't help his mom. 그는 자기 엄마를 돕지 않는다.
03	**today** 부 오늘	She doesn't go to school today. 그녀는 오늘 학교에 가지 않는다.
04	**newspaper** 명 신문	Hodong doesn't read a newspaper. 호동이는 신문을 읽지 않는다.
05	**learn** 통 배우다	My sisters don't learn English. 내 여동생들은 영어를 배우지 않는다.
06	**drink** 통 마시다	Does it drink water? 그것은 물을 마시니?
07	**live** 통 살다	Do your cousins live here? 네 사촌들은 여기에 사니?
08	**here** 부 여기에	Does Taewhan swim here? 태환이는 여기에서 수영을 하니?
09	**bee** 명 벌	Do bees have five legs? 벌은 다리가 다섯 개니?
10	**bite** 통 물다	Does the dog bite? 그 개는 무니?

다음 영어에 알맞은 우리말 뜻을 빈칸에 쓰세요.

01 **flute**

02 **carrot**

03 **look**

04 **zoo**

05 **wing**

06 **need**

07 **salt**

08 **comic book**

09 **clean**

10 **eat**

다음 우리말 뜻에 알맞은 영어 단어를 빈칸에 쓰세요.

01   벌레

02   돕다

03   오늘

04   신문

05   배우다

06   마시다

07   살다

08   여기에

09   벌

10   물다

01	**black** 형 검은, 검은색의	My bag is black. 내 가방은 검은색이다.
02	**cool** 형 시원한	It is cool. 날씨가 시원하다.
03	**warm** 형 따뜻한	It is warm. 날씨가 따뜻하다.
04	**rainy** 형 비가 많이 오는	It is rainy 비가 많이 온다.
05	**windy** 형 바람이 많이 부는	It is windy. 바람이 많이 분다.
06	**ugly** 형 못생긴	Your cat is ugly. 네 고양이는 못생겼다.
07	**snowy** 형 눈이 많이 오는	It is snowy. 눈이 많이 온다.
08	**want** 동 원하다	I want the green pants. 나는 그 초록색 바지를 원한다.
09	**parents** 형 부모(어머니와 아버지)	His parents are tall. 그의 부모님은 키가 크시다.
10	**white** 형 흰, 하얀색의	I have a white cat. 나는 흰 고양이 한 마리를 가지고 있다.

01	**rope** 명 밧줄	The rope is short. 그 밧줄은 짧다.
02	**ship** 명 배	The ship is big. 그 배는 크다.
03	**turtle** 명 거북	Turtles are slow. 거북이는 느리다.
04	**jeans** 명 면바지	Tiffany loves her old jeans. 티파니는 자신의 오래된 면바지를 매우 좋아한다.
05	**weather** 명 날씨	The doctor likes windy weather. 그 의사는 바람 많이 부는 날씨를 좋아한다.
06	**bed** 명 침대	His bed is new. 그의 침대는 새것이다.
07	**yellow** 형 노란, 노란색의	I have a yellow scarf. 나는 노란 스카프를 한 개 가지고 있다.
08	**balloon** 명 풍선	Look at the big balloon. 그 큰 풍선을 봐.
09	**beautiful** 형 아름다운	Yuna is beautiful. 유나는 아름답다.
10	**rose** 명 장미	Jaeseok likes red roses. 재석이는 빨간 장미를 좋아한다.

∭ 다음 영어 단어에 알맞은 우리말 뜻을 빈칸에 쓰세요.

01 **black** _____

02 **cool** _____

03 **warm** _____

04 **rainy** _____

05 **windy** _____

06 **ugly** _____

07 **snowy** _____

08 **want** _____

09 **parents** _____

10 **white** _____

다음 우리말 뜻에 알맞은 영어 단어를 빈칸에 쓰세요.

01   밧줄 _____

02   배 _____

03   거북 _____

04   면바지 _____

05   날씨 _____

06   침대 _____

07   노란, 노란색의 _____

08   풍선 _____

09   아름다운 _____

10   장미 _____

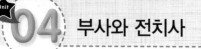
01	**Sunday** 명 일요일	He doesn't go to school on Sunday. 그는 일요일에 학교에 가지 않는다.
02	**birthday** 명 생일	My birthday is in March. 내 생일은 3월이다.
03	**October** 명 10월	We go to Seoul in October. 우리는 10월에 서울에 간다.
04	**towel** 명 수건, 타월	on the towel 수건 위에
05	**think** 동 생각하다	We think carefully. 우리는 신중하게 생각한다.
06	**speak** 동 말하다	Susie speaks slowly. 수지는 천천히 말한다.
07	**get up** (잠자리에서) 일어나다	Susie gets up early. 수지는 일찍 일어난다.
08	**bridge** 명 다리	under the bridge 다리 아래에
09	**hospital** 명 병원	behind the hospital 병원 뒤에
10	**walk** 동 걷다	We walk slowly. 우리는 천천히 걷는다.

01	**drive** 통 운전하다	They drive a car quickly. 그들을 차를 빨리 운전한다.
02	**shout** 통 소리치다	Mark shouts loudly. 마크는 큰 소리로 외친다.
03	**smile** 통 미소 짓다	My grandpa smiles happily. 우리 할아버지는 행복하게 미소 지으신다.
04	**March** 명 3월	His birthday is in March. 그의 생일은 3월이다.
05	**Monday** 명 월요일	We play soccer on Monday. 우리는 월요일에 축구를 한다.
06	**cry** 통 울다	The baby cries loudly. 그 아기는 큰 소리로 운다.
07	**work** 통 일하다	She doesn't work on Monday. 그녀는 월요일에 일하지 않는다.
08	**May** 명 5월	Children's Day is in May. 어린이날은 5월이다.
09	**wall** 명 벽	A clock is on the wall. 시계 하나가 벽에 걸려 있다.
10	**basket** 명 바구니	Some oranges are in the basket. 오렌지 몇 개가 바구니 안에 있다.

다음 영어에 알맞은 우리말 뜻을 빈칸에 쓰세요.

01　**Sunday**　　　＿＿＿＿＿＿＿＿＿＿＿＿

02　**birthday**　　　＿＿＿＿＿＿＿＿＿＿＿＿

03　**October**　　　＿＿＿＿＿＿＿＿＿＿＿＿

04　**towel**　　　＿＿＿＿＿＿＿＿＿＿＿＿

05　**think**　　　＿＿＿＿＿＿＿＿＿＿＿＿

06　**speak**　　　＿＿＿＿＿＿＿＿＿＿＿＿

07　**get up**　　　＿＿＿＿＿＿＿＿＿＿＿＿

08　**bridge**　　　＿＿＿＿＿＿＿＿＿＿＿＿

09　**hospital**　　　＿＿＿＿＿＿＿＿＿＿＿＿

10　**walk**　　　＿＿＿＿＿＿＿＿＿＿＿＿

𝄃 다음 우리말 뜻에 알맞은 영어 단어를 빈칸에 쓰세요.

01   운전하다   _____

02   소리치다   _____

03   미소 짓다   _____

04   3월   _____

05   월요일   _____

06   울다   _____

07   일하다   _____

08   5월   _____

09   벽   _____

10   바구니   _____

01	**grandparents** 명 조부모(할머니, 할아버지)	**How are your** grandparents? 너희 조부모님은 어떻게 지내시니?
02	**call** 동 전화하다	**Why does Sandara** call **him?** 산다라는 왜 그에게 전화하니?
03	**test** 명 시험	**When is the** test? 그 시험은 언제니?
04	**panda** 명 판다	**Where do** pandas **live?** 판다는 어디에 사니?
05	**begin** 동 시작하다	**When does the concert** begin? 그 콘서트는 언제 시작하니?
06	**tired** 형 피곤한	**Why are you so** tired? 너는 왜 그렇게 피곤해하니?
07	**go to bed** 자다, 취침하다	**When do you** go to bed? 너는 언제 잠자리에 드니?
08	**after school** 방과 후에	**What do you do** after school? 너는 방과 후에 무엇을 하니?
09	**sleep** 동 잠자다	**Where does your puppy** sleep? 네 강아지는 어디에서 자니?
10	**picnic** 명 소풍	**When is the** picnic? 그 소풍은 언제니?

01	**late** 형 늦은	Why are you late? 너는 왜 늦니?
02	**pool** 명 수영장	When do you go to the pool? 너는 언제 수영장에 가니?
03	**insect** 명 곤충	They eat insects. 그것들은 곤충을 먹는다.
04	**phone number** 전화번호	What are their phone numbers? 그들의 전화번호는 무엇이니?
05	**Saturday** 명 토요일	What do you do on Saturday? 너는 토요일에 무엇을 하니?
06	**sell** 동 팔다	What does she sell? 그녀는 무엇을 파니?
07	**diary** 명 일기, 일기장	It's my diary. 그것은 내 일기장이다.
08	**Tuesday** 명 화요일	What do you do on Tuesday? 너는 화요일에 무엇을 하니?
09	**some** 형 조금, 약간의	She wants some water. 그녀는 물을 약간 원한다.
10	**favorite** 형 매우 좋아하는	Who is your favorite singer? 네가 좋아하는 가수는 누구니?

다음 영어에 알맞은 우리말 뜻을 빈칸에 쓰세요.

01 **grandparents** _____

02 **call** _____

03 **test** _____

04 **panda** _____

05 **begin** _____

06 **tired** _____

07 **go to bed** _____

08 **after school** _____

09 **sleep** _____

10 **picnic** _____

〰 다음 우리말 뜻에 알맞은 영어를 빈칸에 쓰세요.

01   늦은   _____

02   수영장   _____

03   곤충   _____

04   전화번호   _____

05   토요일   _____

06   팔다   _____

07   일기, 일기장   _____

08   화요일   _____

09   조금, 약간의   _____

10   매우 좋아하는   _____

01	**Wednesday** 명 수요일	It's Wednesday. 수요일이다.
02	**Thursday** 명 목요일	It's Thursday. 목요일이다.
03	**Friday** 명 금요일	It's Friday. 금요일이다.
04	**weekend** 명 주말	It's weekend. 주말이다.
05	**color** 명 색, 빛깔	What color is it? 그것은 무슨 색이니?
06	**won** 명 원(한국의 화폐 단위)	Three thousand won. 3,000원이다.
07	**thousand** 1,000, 천	Eight thousand won. 8,000원이다.
08	**now** 부 지금	What time is it now? 지금 몇 시니?
09	**o'clock** ~시	It's ten o'clock. 10시다.
10	**boots** 명 목이 긴 신발, 부츠	What color are your boots? 네 부츠는 무슨 색이니?

01	**pink** 혱 분홍색의	It's pink. 그것은 분홍색이다.
02	**hundred** 100, 백	Six hundred won. 600원이다.
03	**blouse** 몡 블라우스	What color is the blouse? 그 블라우스 무슨 색이니?
04	**jacket** 몡 재킷	How much is the jacket? 그 재킷 얼마니?
05	**dollar** 몡 달러(화폐 단위)	Ten dollars. 10달러이다.
06	**kid** 몡 아이, 어린이	How many bats do the kids have? 그 아이들은 몇 개의 야구 방망이를 가지고 있니?
07	**chicken** 몡 닭	How many chickens do they have? 그들은 몇 마리의 닭을 가지고 있니?
08	**lemon** 몡 레몬	What color is the lemon? 그 레몬은 무슨 색이니?
09	**hair** 몡 머리카락	What color is his hair? 그의 머리카락은 무슨 색이니?
10	**penguin** 몡 펭귄	How old is the penguin? 그 펭귄은 몇 살이니?

🎵 다음 영어 단어에 알맞은 우리말 뜻을 빈칸에 쓰세요.

01 **Wednesday**

02 **Thursday**

03 **Friday**

04 **weekend**

05 **color**

06 **won**

07 **thousand**

08 **now**

09 **o'clock**

10 **boots**

〰️ 다음 우리말 뜻에 알맞은 영어 단어를 빈칸에 쓰세요.

01   분홍색의   _____

02   100, 백   _____

03   블라우스   _____

04   재킷   _____

05   달러(화폐 단위)   _____

06   아이, 어린이   _____

07   닭   _____

08   레몬   _____

09   머리카락   _____

10   펭귄   _____

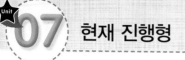
01	**make** ⑧ 만들다	My mom and I are making cookies. 우리 엄마와 나는 과자를 만들고 있다.
02	**ride** ⑧ 타다	We are riding a bike. 우리는 자전거를 타고 있다.
03	**cut** ⑧ 자르다	His mom is cutting the cake. 그의 엄마는 그 케이크를 자르고 있다.
04	**sit** ⑧ 앉다	My brothers are sitting on the bench. 내 남동생들은 벤치에 앉아 있다.
05	**lie** ⑧ 거짓말하다	They are lying. 그들은 거짓말을 하고 있다.
06	**tie** ⑧ 묶다	Edison is tying his shoes. 에디슨은 자신의 신발을 묶고 있다.
07	**home** ⑨ 집에, 집으로	Sally is coming home. 샐리는 집으로 오고 있다.
08	**listen** ⑧ 듣다, 귀 기울이다	They are listening to music. 그들은 음악을 듣고 있다.
09	**open** ⑧ 열다	You are opening the box. 너는 그 상자를 열고 있다.
10	**jump rope** 줄넘기하다	We are jumping rope. 우리는 줄넘기를 하고 있다.

01	**cook** ⑧ 요리하다	He is cooking now. 그는 지금 요리를 하고 있다.
02	**hop** ⑧ 깡충깡충 뛰다	Some kangaroos are hopping. 캥거루 몇 마리가 깡충깡충 뛰고 있다.
03	**draw** ⑧ 그리다	She is drawing. 그녀는 그림을 그리고 있다.
04	**do one's homework** 숙제를 하다	He is doing his homework. 그는 숙제를 하고 있다.
05	**window** ⑲ 창문	My sister is opening the window. 내 여동생은 그 창문을 열고 있다.
06	**cake** ⑲ 케이크	The cooks are eating the cake. 그 요리사들은 케이크를 먹고 있다.
07	**snowman** ⑲ 눈사람	They are making a snowman. 그들은 눈사람을 만들고 있다.
08	**sofa** ⑲ 소파	We are sitting on the sofa. 우리는 소파에 앉아 있다.
09	**horse** ⑲ 말	He is riding a horse. 그는 말을 타고 있다.
10	**necktie** ⑲ 넥타이	My uncle is tying a necktie. 우리 삼촌은 넥타이를 매고 있다.

〰 다음 영어에 알맞은 우리말 뜻을 빈칸에 쓰세요.

01 **make** _____

02 **ride** _____

03 **cut** _____

04 **sit** _____

05 **lie** _____

06 **tie** _____

07 **home** _____

08 **listen** _____

09 **open** _____

10 **jump rope** _____

༺ 다음 우리말 뜻에 알맞은 영어를 빈칸에 쓰세요.

01   요리하다   _____

02   깡충깡충 뛰다   _____

03   그리다   _____

04   숙제를 하다   _____

05   창문   _____

06   케이크   _____

07   눈사람   _____

08   소파   _____

09   말   _____

10   넥타이   _____

01	**hard** (부) 열심히, 힘껏	You are not studying hard. 너는 열심히 공부하고 있지 않다.
02	**bake** (동) 굽다	Lucy and Paul aren't baking a cake. 루시와 폴은 케이크를 굽고 있지 않다.
03	**count** (동) 세다	You are not counting. 너는 수를 세고 있지 않다.
04	**basketball** (명) 농구	He is not playing basketball. 그는 농구를 하고 있지 않다.
05	**skate** (동) 스케이트를 타다	He isn't skating. 그는 스케이트를 타고 있지 않다.
06	**game** (명) 게임, 경기	Is she playing the game? 그녀는 그 게임을 하고 있니?
07	**sandwich** (명) 샌드위치	Are they making sandwiches? 그들은 샌드위치를 만들고 있니?
08	**catch** (동) 잡다[받다]	Is she catching the ball? 그녀는 그 공을 잡고 있니?
09	**frog** (명) 개구리	Is Jane drawing a frog? 제인은 개구리를 그리고 있니?
10	**ski** (동) 스키를 타다	She is not skiing. 그녀는 스키를 타고 있지 않다.

01	**push** 동 밀다	They aren't pushing the door. 그들은 그 문을 밀고 있지 않다.
02	**badminton** 명 배드민턴	Mom and Dad aren't playing badminton. 엄마와 아빠는 배드민턴을 치고 계시지 않다.
03	**carefully** 부 주의 깊게	Is she driving the car carefully? 그녀는 조심스럽게 운전하고 있니?
04	**watch** 동 보다, 지켜보다	Are you watching TV? 너는 TV를 보고 있니?
05	**church** 명 교회	Is he going to church? 그는 교회에 가고 있니?
06	**happily** 부 행복하게	Are Jack and Susan smiling happily? 잭과 수잔은 행복하게 미소 짓고 있니?
07	**kite** 명 연	She is flying a kite. 그녀는 연을 날리고 있다.
08	**wear** 동 입고 있다	He is wearing the shirt. 그는 그 셔츠를 입고 있다.
09	**garden** 명 정원	You are working in the garden. 너는 정원에서 일하고 있다.
10	**river** 명 강	The fish is swimming in the river. 그 물고기는 강에서 헤엄치고 있다.

〰 다음 영어 단어에 알맞은 우리말 뜻을 빈칸에 쓰세요.

01 **hard** _____

02 **bake** _____

03 **count** _____

04 **basketball** _____

05 **skate** _____

06 **game** _____

07 **sandwich** _____

08 **catch** _____

09 **frog** _____

10 **ski** _____

🔊 다음 우리말 뜻에 알맞은 영어 단어를 빈칸에 쓰세요.

01   밀다   _____

02   배드민턴   _____

03   주의 깊게   _____

04   보다, 지켜보다   _____

05   교회   _____

06   행복하게   _____

07   연   _____

08   입고 있다   _____

09   정원   _____

10   강   _____

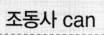

01	**climb** 동 오르다, 올라가다	Can it climb the tree? 그것이 나무를 올라갈 수 있니?
02	**mountain** 명 산	My friends can't climb the mountain. 내 친구들은 산을 오르지 못한다.
03	**golf** 명 골프	Can you play golf? 너는 골프를 칠 수 있니?
04	**kick** 동 차다	Can he kick the ball? 그는 그 공을 찰 수 있니?
05	**dive** 동 뛰어들다, 다이빙하다	Can your sister dive? 네 여동생은 다이빙할 수 있니?
06	**play chess** 체스를 두다	Can the kids play chess? 그 아이들은 체스를 둘 수 있니?
07	**throw** 동 던지다	You can throw a ball. 너는 공을 던질 수 있다.
08	**answer** 동 대답하다	We can answer the questions. 우리는 그 질문들에 대답할 수 있다.
09	**question** 명 질문	She can answer the question. 그녀는 그 질문에 대답할 수 있다.
10	**truck** 명 트럭	My mom cannot drive a truck. 우리 엄마는 트럭을 운전하지 못하신다.

01	**hear** ⑧ 듣다, 들리다	Snakes cannot hear. 뱀은 들을 수 없다.
02	**picture** ⑲ 그림	Can the monkeys draw a picture? 그 원숭이들은 그림을 그릴 수 있니?
03	**letter** ⑲ 편지	I can write a letter. 나는 편지를 쓸 수 있다.
04	**carry** ⑧ 나르다, 운반하다	She can carry the box. 그녀는 그 상자를 나를 수 있다.
05	**spaghetti** ⑲ 스파게티	Yeonjae can't make spaghetti. 연재는 스파게티를 만들지 못한다.
06	**goat** ⑲ 염소	You can draw a goat. 너는 염소를 그릴 수 있다.
07	**cello** ⑲ 첼로	He can play the cello. 그는 첼로를 켤 수 있다.
08	**volleyball** ⑲ 배구	You can play volleyball. 너는 배구를 할 수 있다.
09	**fire engine** 소방차	Rebecca can drive a fire engine. 리베카는 소방차를 운전할 수 있다.
10	**lift** ⑧ 들어올리다	Your brother can lift the box. 네 오빠는 그 상자를 들어올릴 수 있다.

다음 영어에 알맞은 우리말 뜻을 빈칸에 쓰세요.

01 **climb**

02 **mountain**

03 **golf**

04 **kick**

05 **dive**

06 **play chess**

07 **throw**

08 **answer**

09 **question**

10 **truck**

〰 다음 우리말 뜻에 알맞은 영어 단어를 빈칸에 쓰세요.

01 　듣다, 들리다

02 　그림

03 　편지

04 　나르다, 운반하다

05 　스파게티

06 　염소

07 　첼로

08 　배구

09 　소방차

10 　들어올리다

01	**pass** 용 건네주다	Please pass me the ball. 내게 공을 건네주세요.
02	**stand up** 일어서다	Stand up, please. 일어서세요.
03	**worry** 동 걱정하다	Don't worry. 걱정하지 마.
04	**silly** 형 어리석은	Don't be silly. 바보같이 굴지 마.
05	**go swimming** 수영하러 가다	Let's go swimming. 수영하러 가자.
06	**nice** 형 친절한, 다정한	Be nice to your brother. 네 남동생에게 다정하게 대해라.
07	**wake up** 잠에서 깨다	Wake up, please. 일어나세요.
08	**move** 동 움직이다	Don't move. 움직이지 마.
09	**chew** 동 씹다	Don't chew gum in class. 수업 시간에 껌을 씹지 마라.
10	**go hiking** 하이킹을 가다	Let's go hiking. 하이킹을 가자.

01	**take** ⑧ 타다	Let's take a taxi. 택시를 타자.
02	**in class** 수업 중에	Be quiet in class. 수업 중에는 조용히 해라.
03	**sorry** ⑲ 미안한	Don't be sorry. 미안해하지 마라.
04	**afraid** ⑲ 두려워하는	Don't be afraid. 두려워하지 마라.
05	**touch** ⑧ 만지다	Don't touch the vase. 그 꽃병을 만지지 마라.
06	**exercise** ⑧ 운동하다	Exercise every day. 매일 운동해라.
07	**wash the dishes** 설거지하다	Wash the dishes. 설거지를 해라.
08	**put on** 입다	Put on your coat. 네 외투를 입어라.
09	**take a walk** 산책하다	Let's take a walk. 산책하자.
10	**go camping** 캠핑 가다	Let's go camping. 캠핑 가자.

〜〜 다음 영어에 알맞은 우리말 뜻을 빈칸에 쓰세요.

01 **pass** _____

02 **stand up** _____

03 **worry** _____

04 **silly** _____

05 **go swimming** _____

06 **nice** _____

07 **wake up** _____

08 **move** _____

09 **chew** _____

10 **go hiking** _____

다음 우리말 뜻에 알맞은 영어를 빈칸에 쓰세요.

01 타다 _____

02 수업 중에 _____

03 미안한 _____

04 두려워하는 _____

05 만지다 _____

06 운동하다 _____

07 설거지하다 _____

08 입다 _____

09 산책하다 _____

10 캠핑 가다 _____

Answers

01 일반동사

Quiz 01

01	노래하다	02	잘, 좋게
03	달리다	04	뛰다, 점프하다
05	수영하다, 헤엄치다	06	수학
07	가다	08	가르치다
09	수리하다	10	날다

Quiz 02

01	wash	02	face
03	hate	04	come
05	read	06	write
07	study	08	slowly
09	duck	10	story

02 일반동사의 부정문과 의문문

Quiz 01

01	플루트	02	당근
03	~하게 보이다	04	동물원
05	날개	06	필요로 하다
07	소금	08	만화책
09	청소하다	10	먹다

Quiz 02

01	worm	02	help
03	today	04	newspaper
05	learn	06	drink
07	live	08	here
09	bee	10	bite

03 형용사

Quiz 01

01	검은, 검은색의	02	시원한
03	따뜻한	04	비가 많이 오는
05	바람이 많이 부는	06	못생긴
07	눈이 많이 오는	08	원하다
09	부모	10	흰, 하얀색의

Quiz 02

01	rope	02	ship
03	turtle	04	jeans
05	weather	06	bed
07	yellow	08	balloon
09	beautiful	10	rose

04 부사와 전치사

Quiz 01

01	일요일	02	생일
03	10월	04	수건, 타월
05	생각하다	06	말하다
07	(잠자리에서) 일어나다	08	다리
09	병원	10	걷다

Quiz 02

01	drive	02	shout
03	smile	04	March
05	Monday	06	cry
07	work	08	May
09	wall	10	basket

05 의문사 (1)

Quiz 01

01	조부모	02	전화하다
03	시험	04	판다
05	시작하다	06	피곤한
07	자다, 취침하다	08	방과 후에
09	잠자다	10	소풍

Quiz 02

01	late	02	pool
03	insect	04	phone number
05	Saturday	06	sell
07	diary	08	Tuesday
09	some	10	favorite

06 의문사 (2)

Quiz 01

01	수요일	02	목요일
03	금요일	04	주말
05	색, 빛깔	06	원(화폐 단위)
07	1,000, 천	08	지금
09	~시	10	목이 긴 신발, 부츠

Quiz 02

01	pink	02	hundred
03	blouse	04	jacket
05	dollar	06	kid
07	chicken	08	lemon
09	hair	10	penguin

07 현재 진행형

Quiz 01

01	만들다	02	타다
03	자르다	04	앉다
05	거짓말하다	06	묶다
07	집에, 집으로	08	듣다, 귀 기울이다
09	열다	10	줄넘기하다

Quiz 02

01	cook	02	hop
03	draw	04	do one's homework
05	window	06	cake
07	snowman	08	sofa
09	horse	10	necktie

08 현재 진행형의 부정문과 의문문

Quiz 01

01	열심히, 힘껏	02	굽다
03	세다	04	농구
05	스케이트를 타다	06	게임, 경기
07	샌드위치	08	잡다[받다]
09	개구리	10	스키를 타다

Quiz 02

01	push	02	badminton
03	carefully	04	watch
05	church	06	happily
07	kite	08	wear
09	garden	10	river

09 조동사 can

Quiz 01

01	오르다, 올라가다	02	산
03	골프	04	차다
05	뛰어들다, 다이빙하다	06	체스를 두다
07	던지다	08	대답하다
09	질문	10	트럭

Quiz 02

01	hear	02	picture
03	letter	04	carry
05	spaghetti	06	goat
07	cello	08	volleyball
09	fire engine	10	lift

10 명령문

Quiz 01

01	건네주다	02	일어서다
03	걱정하다	04	어리석은
05	수영하러 가다	06	친절한, 다정한
07	잠에서 깨다	08	움직이다
09	씹다	10	하이킹을 가다

Quiz 02

01	take	02	in class
03	sorry	04	afraid
05	touch	06	exercise
07	wash the dishes	08	put on
09	take a walk	10	go camping

Grammar, ZAP!

VOCABULARY

단어장

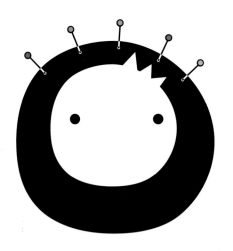

입문 2

CHUNJAE EDUCATION, INC.